Special Thanks to

세상이 아무리 바쁘게 돌아가더라도
책까지 아무렇게나 빨리 만들 수는 없습니다.

길벗은 독자 여러분이
가장 쉽게, 가장 빨리 배울 수 있는 책을
한 권 한 권 정성을 다해 만들겠습니다.

독자의 1초를 아껴주는 정성을
만나보세요.

피피티 한사바리 레쓰고바리
★ 파워포인트 필승 공략집 ★

피피티사냥꾼

피피티사냥꾼의 만능 치트키

PPT HUNTER's All Round Cheat key

초판 발행 · 2023년 2월 10일
초판 2쇄 발행 · 2023년 9월 20일

지은이 · 피피티사냥꾼
발행인 · 이종원
발행처 · (주)도서출판 길벗
출판사 등록일 · 1990년 12월 24일
주소 · 서울시 마포구 월드컵로 10길 56(서교동)
대표전화 · 02)332-0931 | **팩스** · 02)323-0586
홈페이지 · www.gilbut.co.kr | **이메일** · gilbut@gilbut.co.kr

기획 및 책임 편집 · 최동원(cdw8282@gilbut.co.kr)
디자인 · 장기춘 | **제작** · 이준호, 손일순, 이진혁 | **영업 마케팅** · 전선하, 차명환, 박민영
영업관리 · 김명자 | **독자지원** · 윤정아, 최희창
교정교열 · 김미현 | **전산 편집** · 권경희 | **CTP 출력 및 인쇄** · 상지사피앤비 | **제본** · 상지사피앤비

ISBN 979-11-407-0334-0 03000
(길벗 도서번호 007158)

정가 20,000원

형들!

피피티만큼은 대한민국 Special One이 되고 싶은 사냥꾼이야.

세상에나 마상에나 내 이름으로 책이 나오다니…
기분이 굉장히 나이스한 부분인 거 RG? 어렸을 때부터 공부 잘하는 사람만 책 쓴다고 생각하고 독서도 안 하고 책과는 인연이 없는 인생이라고 생각했었는데 피피티 하나 잘하니까 이렇게 책이 나왔지 뭐야? 우리 구독자형들 그리고 책을 구매해준 형들 너무 사랑해!

나도 회사에 다닐 때가 있었어. 정해진 퇴근 시간은 분명 18시인데 어쩔 수 없이 야근을 하고 한두 시간씩 늦게 퇴근했었지. 그런 상태로 집에 가면 가족들에게 짜증을 내고 회사를 때려치우고 싶다며 투정도 부렸지. 우리 부모님은 나를 얼마나 쥐어박고 싶었을까?
그런데 말이야. 지금은 회사에 다닐 때보다 일찍 일어나서 컴퓨터를 켜고, 하루를 마무리하면 22시가 넘는 게 기본이야. 일주일을 매일같이, 온종일 피피티에만 몰두하면서도 한 번도 힘들다는 생각이 들지 않아.

머리말

딱히 피피티 만드는 게 좋거나 즐겁지는 않아. 회사에 다닐 때보다 큰돈을 버는 것도 아니고, 일하는 시간은 두 배가 넘는 것 같아. 하지만, 오늘은 어떤 특별한 콘텐츠로 형들의 어그로를 끌 수 있을까 고민하다 보면 시간이 금방 가더라고.

피피티 시장에 얼마나 많은 대선배님이 있는 줄 알아? 전국 각지에 숨겨진, 아직 알려지지 않은 금손 형님들도 대단히 많을 거야. 만약 그런 대선배님들과 똑같은 주제로 콘텐츠를 만든다고 해도, 우리 형들이 재미있고 즐겁게 즐길 수 있는 사냥꾼만의 콘셉트로 대한민국 피피티 분야에서 짱 먹을 수 있다고 생각해.
내가 만든 피피티 콘텐츠로 학교에서 칭찬받고, 회사에서 인정받고, 사업하는 형들은 투자받아 성공한 이야기를 들려줄 때 참 뿌듯해. 앞으로도 우리 형들이 내가 만든 콘텐츠를 즐기고 배우고 따라 하고 활용하면서 각자의 위치에서 더 많이 성공하고 그 이야기를 들려준다면 그게 다 나의 행복인 거 RG?

대한민국 피피티 Special One!
피피티사냥꾼!

책의 한 페이지를 빌려 전하는 나의 진실된 꿈이야.
피피티에 몰두하던 평범했던 하루, 여동생에게 기습 질문을 했어.

"동생아, 대한민국 피피티 분야 Special One의 조건은 뭘까?"

동생은 0.1초도 고민하지 않고 답을 하더라.

머리말

"구독자."

부정할 수 없는 명백한 사실. 그래서 나는 쉬지 않고 계속 레쓰고 하려고 해.

나는 피피티 분야 최고가 되기 위해 미친 듯이 좋은 피피티 콘텐츠를 레쓰고 하고 있을 테니까, 형들도 각자 자리에서 사냥꾼의 피피티 콘텐츠를 잘 활용해서 최고가 되자. 그리고 먼 훗날 우리 언젠가 꼭 같이 성공해서 63빌딩 스카이라운지에서 스테이크 써는 그 날을 기약해 보자.

나는 진심으로 Special One이 되고 싶은 형들에게 도움을 주고 싶어. 언제든지 인스타그램 DM으로 괴롭혀줘. 형들의 열정만 있다면 죽어가는 피피티에 내가 심폐소생술을 해 줄게. 피피티로 우리 형들 괴롭히는 큰형님 혼쭐낼 수 있도록 언제든 DM 줘. 진심으로 내가 우리 형들 많이 사랑하는 거 RG?

마지막으로 매일같이 피피티 콘텐츠를 만들 수 있도록 도움 주셨던 분들이 있습니다.
첫 직장의 라OO, 임OO 선배님! 함께 근무하던 2년 동안 모자란 저에게 애정 가득한 조언을 해주신 덕에 지금의 제가 있을 수 있었습니다. 진심으로 감사 인사를 전합니다.

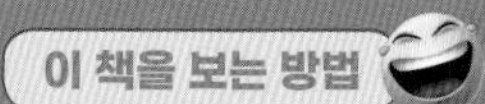

피피티사냥꾼이 보약 달이듯 지극정성으로 준비한 책입니다. 입학부터 정년까지 두고두고 제대로 활용할 수 있게 만들었으니 본전 생각이 나진 않을 거예요!

이론

어떤 일을 하든지 기본기가 없는 상태에서 시작하는 사람은 밑 빠진 독에 물 붓기라는 사실 RG? 우리 형들이 피피티 작업을 훨씬 효율적으로 할 수 있는 피피티 이론이야!

꿀팁

꿀팁만 따라 해도 칼퇴 가능한 부분인 거 RG?
알짜배기만 모아놓은 꿀팁을 나이스하게 참고해!

실습

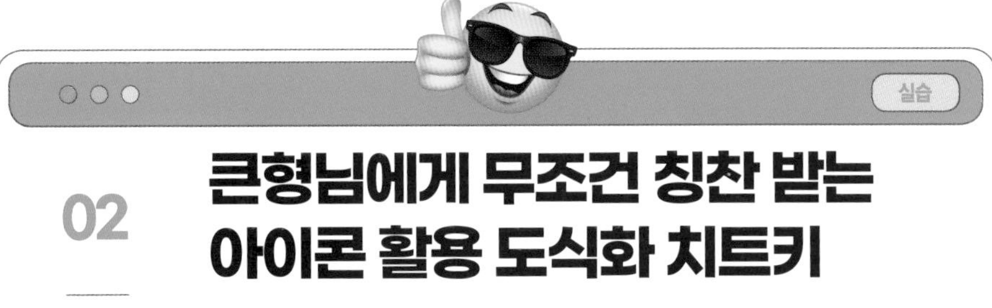

02 큰형님에게 무조건 칭찬 받는 아이콘 활용 도식화 치트키

따라 하기만 해도 피피티 잘한다는 이야기 들을 수 있게 구체적인 방법은 실습으로 구성했어. 무작정 따라 하기만 하면 나이스한 피피티를 완성할 수 있을 거야!

공략집

피피티 작업하다 막힌다 싶으면
여기에 그 해답이 있어!
형들은 그저 따라하기만 하면 됩니다.

템플릿 미리보기

한 번도 안 써본 사람은 있지만, 한 번만 써본 사람은 없는 마성의 레전드 템플릿 30종을 제공합니다.
사냥꾼의 나이스한 템플릿으로 성장 + 성공을 경험해 보세요.

01. 기본 표지st

02. 좌측정렬 표지st

03. 사진 표지st

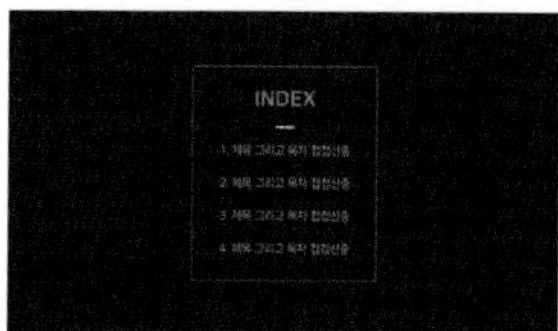

04. 기본 목차st

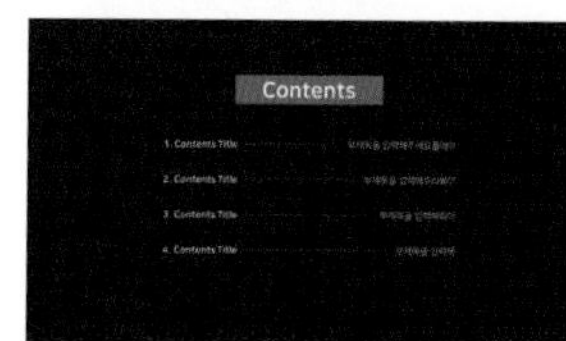

05. 기본빵 + 잼 목차st

06. 본문 레이아웃st

07. 꼰상사st_시즌1

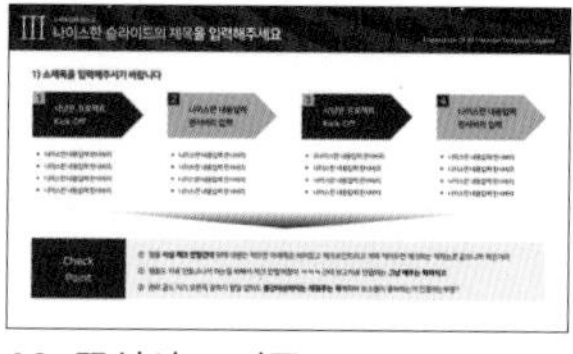

08. 꼰상사st_시즌2

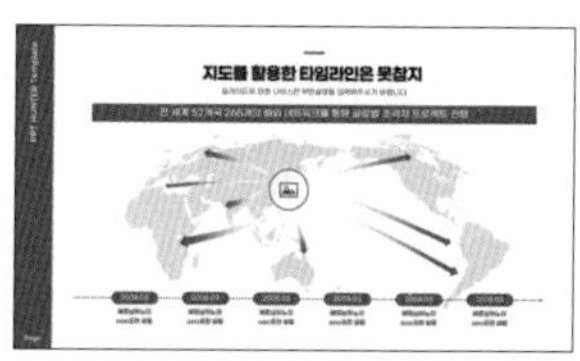

09. 세계지도st

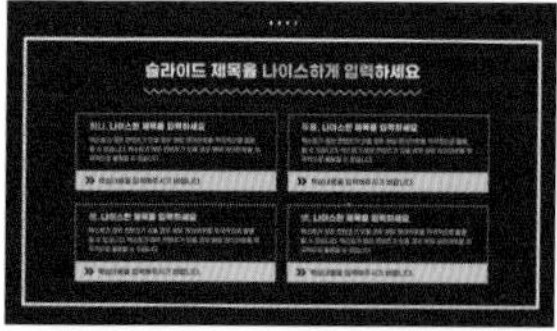

10. 노랑보라st

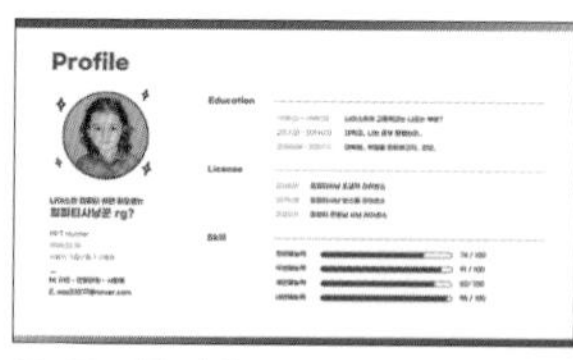

11. 포트폴리오st

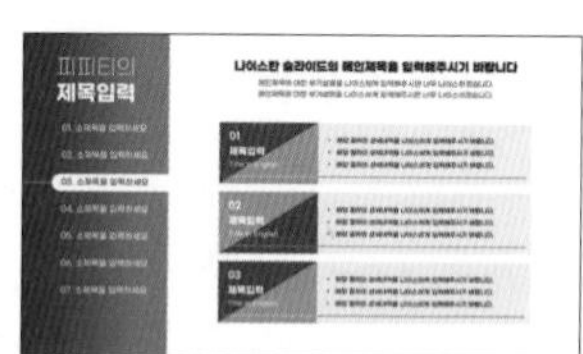

12. 강의자료st

13. 인별그램st

14. 은은감성st

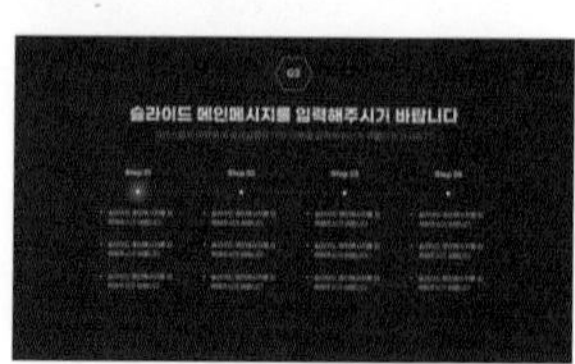

15. 다크레몬st

16. 꿀벌새내기st

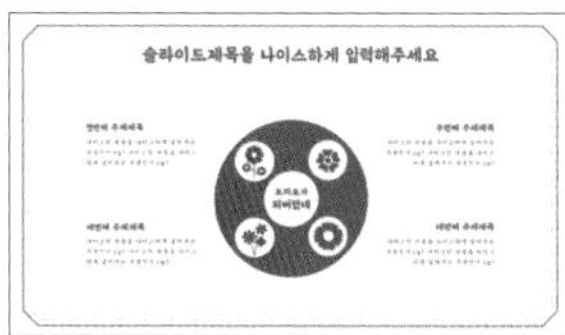

17. 홍콩st

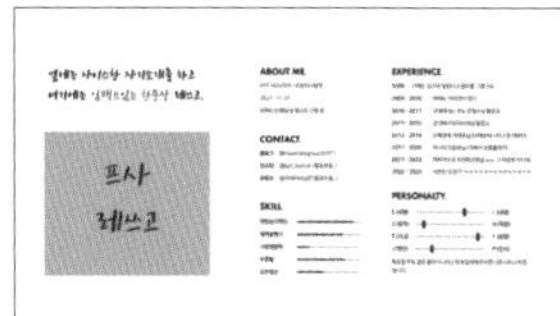

18. 갬성 자기소개st

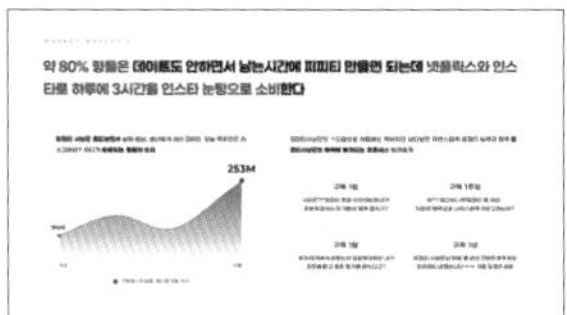

19. 깰끔배리블루배리st

20. 빨강포인트st

21. 레전드흰검st

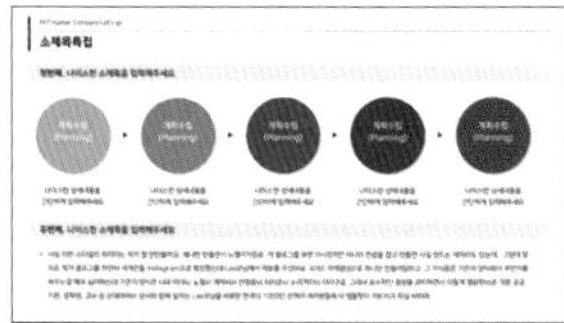

22. 소제목특집st

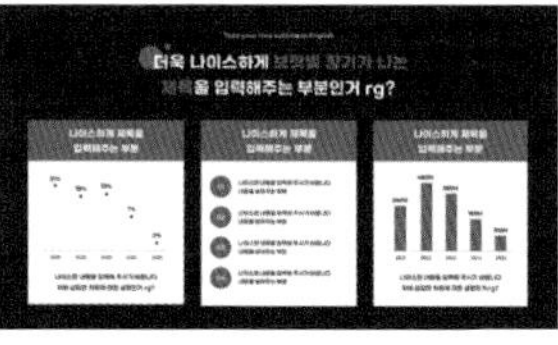

23. 보라빛향기st

24. 중앙집중형st

25. 어두운초록st

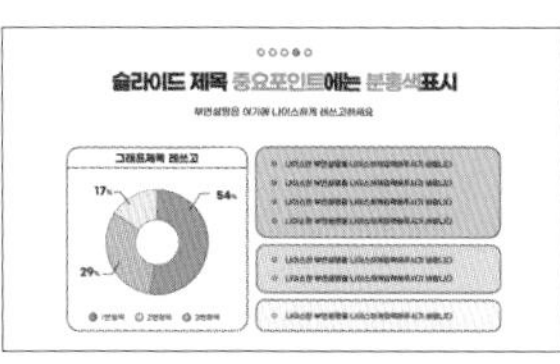

26. 귀요미맥북st

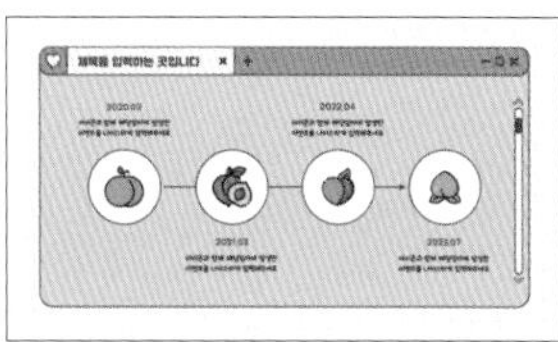

27. 귀요미노트북st

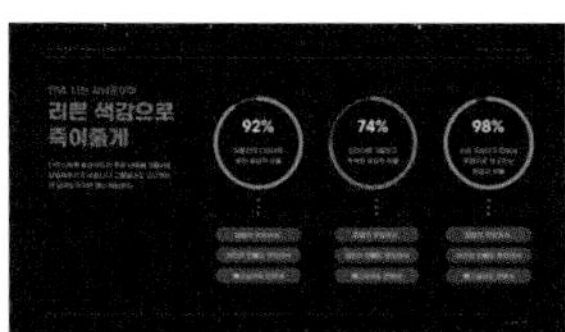

28. 검정에뽀인트st

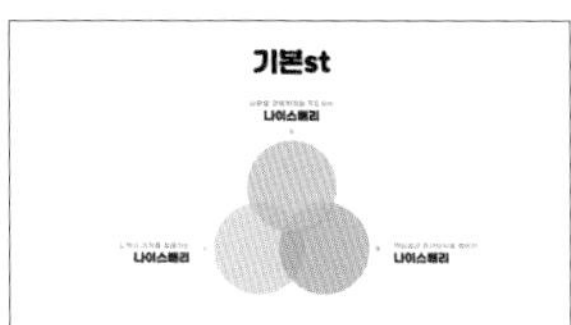

29. 기업핵심가치st

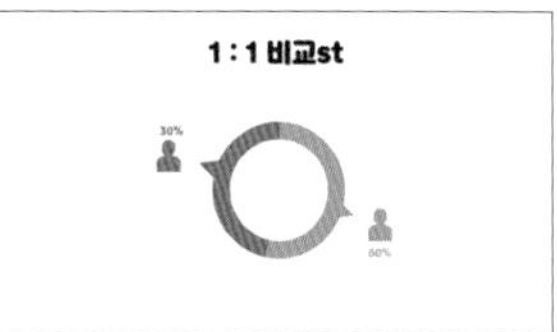

30. 도넛차트st

PART 01 : 우리는 이걸 피피티 기본기라 하기로 했어요

목차

PART 03 : 고퀄 피피티를 위한 디자인 꿀팁

목차

PART 04 : 앞으로의 10년을 책임질 피피티 치트키

목차

템플릿 다운로드 안내

사냥꾼 템플릿은 길벗출판사 홈페이지(www.gilbut.co.kr)에서 다운로드 할 수 있습니다.

1. 길벗 홈페이지(www.gilbut.co.kr)에 접속한 다음 [회원가입]을 클릭합니다.
   ※ 이미 홈페이지 회원 가입이 되어 있는 경우 홈페이지에 로그인한 다음 4번 과정을 실행하세요.

2. 길벗출판사 통합 회원가입 페이지가 표시되면 [이메일 주소로 회원가입]을 클릭하세요.
   ※ 소셜 계정으로도 가입할 수 있습니다.

3. 회원 가입시 입력한 이메일 계정으로 인증 메일이 발송됩니다. 수신한 인증 메일을 열어 이메일 계정을 인증하세요.

4. 길벗 홈페이지에 로그인한 다음 검색 창에 『피피티사냥꾼의 만능 치트키』를 입력하면 해당 도서 페이지가 표시됩니다.

5. 도서 소개 페이지의 [자료실]을 클릭해 템플릿을 다운로드하세요.

6. 템플릿의 압축 해제 암호는 책의 뒷표지 바코드 오른쪽 위의 숫자를 입력하면 됩니다.

종이책 :
도서 뒷표지 아래쪽에 있는 바코드의 오른쪽 위 숫자

피피티사냥꾼의 만능 치트키
PPTHUNTER
가격 20,000원

ISBN 979-11-407-0334-0

전자책(eBook) :
전자책 앞 또는 뒷부분의 판권면(발행인, 담당 편집자 등을 표시하는 곳) 중 ISBN 부분에 표기(예 : 979-11-979-11-407-0334-0 03000로 된 곳의 다섯 자리 숫자 03000)

- 상황별 폰트 기본기
- 손 베일지도 모르는 칼각 정렬 방법
- 키보드에 곰팡이 피는 단축키
- 사진을 강조하는 방법
- 텍스트를 강조하는 방법
- 텍스트 많은 슬라이드 심폐소생술
- 파워포인트 메뉴 셀프 인테리어!
  빠른 실행 도구 모음

001

우리는 이걸 피피티 기본기라 하기로 했어요

어떤 일을 하던지 기본기가 없는 상태에서 시작하는 사람은 밑 빠진 독에 물 붓기라는 사실 RG? 피피티도 꼭 필요한 몇 가지 기능만 제대로 알고 있으면 우리 형들이 피피티 작업을 훨씬 효율적으로 할 수 있다는 사실! 기본기 챕터만 나이스하게 마스터해도 피피티 점수 95점인거 RG? 자, 나이스하게 함께 알아볼게요.

이론

01 상황별 폰트 기본기

피피티는 제안서, 기획서, 홍보물, 강의자료 등 다양한 상황에서 사용하므로 주제, 상황, 목적에 따라 피피티 디자인과 어울리는 폰트도 다양합니다. 피피티 상황에 맞는 찰떡 폰트를 딱 정해줄게요. 어떤 폰트를 사용해야 할지 고민된다면 일단 한 번 믿고 사용해 보세요.

1 **공식 발표용 폰트**

공식적인 발표자리에서 깔끔하고 가독성이 좋아 가장 많이 사용되는 폰트입니다.

2 **감성팔이 폰트**

적재적소에 사용하면 청중의 마음을 울릴 수 있는 감성 자극 폰트입니다.

3 **귀요미 폰트**

캐주얼 스타일로 각종 SNS에 홍보자료로 사용하기 좋은 귀여운 폰트입니다.

4 **영문 폰트**

때때로 소제목 또는 키워드에 사용하면 자료가 풍성해지도록 돕는 폰트입니다.

'티피오(TPO)'가 뭔 줄 아시나요? 티·피·오는 '시간(Time)', '장소(Place)', '상황(Occasion)'에 알맞은 옷차림을 의미하는 패션 업계의 용어입니다. 그리고 피피티에도 티피오가 필요하죠. 피피티가 필요한 상황은 크게 다음의 네 가지로 구분할 수 있고 각 상황에 알맞은 나이스한 폰트를 추천해 줄게요.

공식 발표용으로 딱!

공식 발표용 폰트

나눔스퀘어
나눔스퀘어
나눔스퀘어

공식적인 발표 자리에서는 무엇보다 깔끔하면서 가독성 높은 고딕 계열 폰트가 적합합니다. 공식 발표용 피피티라면 가장 많이 사용되는 '**나눔스퀘어**'를 사용해 보세요!

공식 발표용 폰트

G마켓산스
G마켓산스
G마켓산스

나눔스퀘어가 너무 엄근진 느낌이라면 캐주얼한 분위기를 내뿜는 '**G마켓산스**'를 사용해 봐요. 가독성도 좋은 **G마켓산스체**는 대학생, 사회 초년생에게 가장 인기 많은 고딕 계열 폰트 중 하나입니다.

감성 터치가 필요한 피피티에 딱!

감성팔이 폰트

조선일보명조

나눔명조

청중의 감성을 자극해야 한다면 주저 없이 명조체를 사용해 보세요. 다양한 명조체 중 '**조선일보명조**', '**나눔명조**'를 적극 추천합니다. 동양적인 이미지와 함께 사용하면 그 효과가 증폭됩니다.

캐주얼한 SNS나 홍보용 피피티에 딱!

귀요미 폰트

쿠키런

쿠키런

쿠키런

SNS 홍보 채널에 사용하기 좋은 '**쿠키런체**'는 어떤가요? 둥글둥글하고 귀여운 폰트로 형들의 SNS에 '좋댓구(좋아요, 댓글, 구독)'가 흘러 넘치길 바라는 부분인거 RG?

귀요미 폰트

여기어때
잘난체

쿠키런체가 너무 말랑말랑하다면 귀여운 '**여기어때 잘난체**'를 추천합니다. 제가 제일 좋아하는 귀여움 최강 **여기어때 잘난체**는 각종 영상 매체나 광고에도 사용될 정도로 대중적이고 인증받은 귀요미 폰트입니다.

전문성을 강조하고 싶을 때 딱!

영문 폰트

ROBOTO

ROBOTO

ROBOTO

PowerPoint Presentation 중 Keyword를 English Font로 강조하면 피피티의 전문성과 퀄리티가 상승하는 것 같은 효과를 얻을 수 있습니다. 공식 발표 자리에 적합한 폰트가 고민이라면 영문 고딕 폰트의 대표주자 '**ROBOTO**'를 추천합니다.

영문 폰트

MONTSERRAT
MONTSERRAT
MONTSERRAT

ROBOTO가 부담스럽다면 오동통하면서 귀엽고 깔끔해 호불호 없이 어떤 주제의 피피티에도 나이스하게 활용할 수 있는 '**MONTSERRAT**'를 사용해 보세요.

실습

02

손 베일지도 모르는 칼각 정렬 방법

피피티의 생명은 정렬입니다. 정렬만 잘해도 주변 사람에게 피피티 잘한다는 이야기를 들을 수 있을 거예요. 피피티의 시작이자 끝인 정렬 공식에 대해 알아보겠습니다. 레쓰고!

야! 너도 깔끔하게 만들 수 있어

도형 여러 개 삽입

가로축 센터 맞춤

가로 간격 동일하게

그룹화

가운데 정렬(가로)

깔끔, 심플, 세련된 피피티 디자인의 기본은 정렬에서 시작됩니다. '깔끔이 정렬 공식'만 그대로 따라하면 깔끔하고 고급스러운 피피티 만들 수 있다는 거 RG? 실습을 통해 이 다섯 가지 정렬 공식에 대해 자세히 알아보겠습니다.

칼각 정렬 공식 따라하기

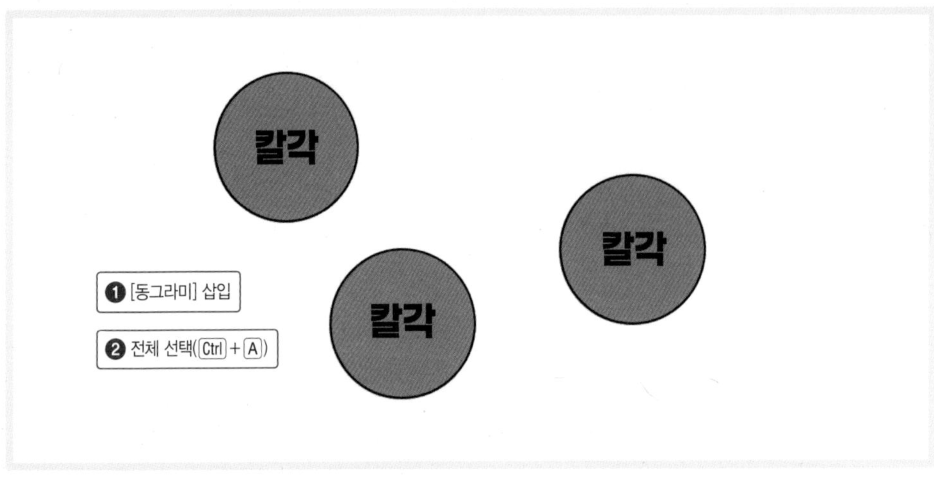

①. [삽입] – [도형] – [타원]을 차례대로 선택해 정렬할 도형을 여러 개 삽입합니다.

②. Ctrl + A(전체 선택)를 눌러 삽입한 도형을 모두 선택합니다.

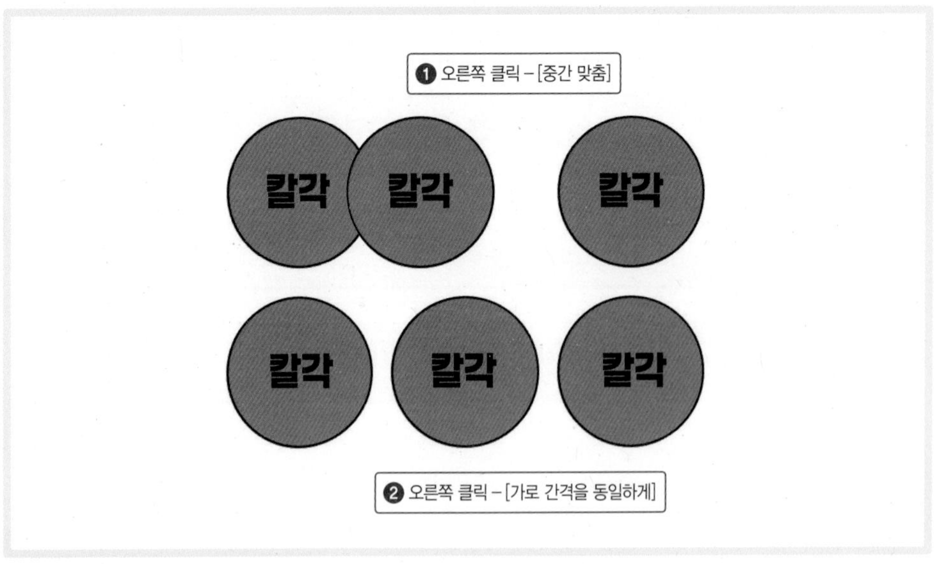

①. 정렬한 도형을 선택한 다음 [홈] – [정렬] – [맞춤] – [중간 맞춤]을 차례대로 클릭하면 선택된 도형의 가운데를 기준으로 정렬됩니다.

② [홈] – [정렬] – [맞춤] – [가로 간격을 동일하게]를 차례대로 클릭하면 선택된 도형을 일정한 간격으로 정렬할 수 있습니다.

[중간 맞춤]은 선택된 개체의 가운데를 기준으로 정렬합니다.

[가로/세로 간격을 동일하게]는 선택된 개체 중 위/아래, 왼쪽/오른쪽과 같이 가장 끝에 있는 개체를 기준으로 간격을 조절합니다.

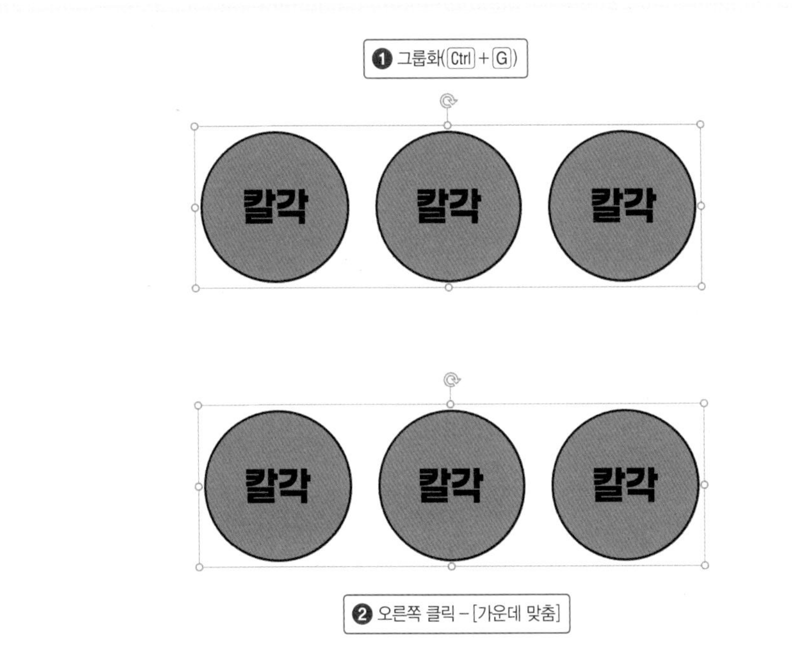

• • •

① 정렬된 모든 도형이 선택된 상태에서 Ctrl + G(그룹화)를 누르면 선택한 도형을 그룹화할 수 있어요.

② 그룹화한 도형이 선택된 상태에서 [홈] – [정렬] – [맞춤] – [가운데 맞춤]을 선택하면 정렬해야 할 여러 개의 도형이 한 번에 슬라이드 가운데에 보기 좋게 정렬됩니다.

[맞춤]의 메뉴는 피피티에서 많이 사용하는 기능이므로 '빠른 실행 도구 모음'에 추가하면 작업 시간을 엄청나게 단축할 수 있습니다. 빠른 실행 도구 모음에 대한 내용은 51쪽을 참고하세요.

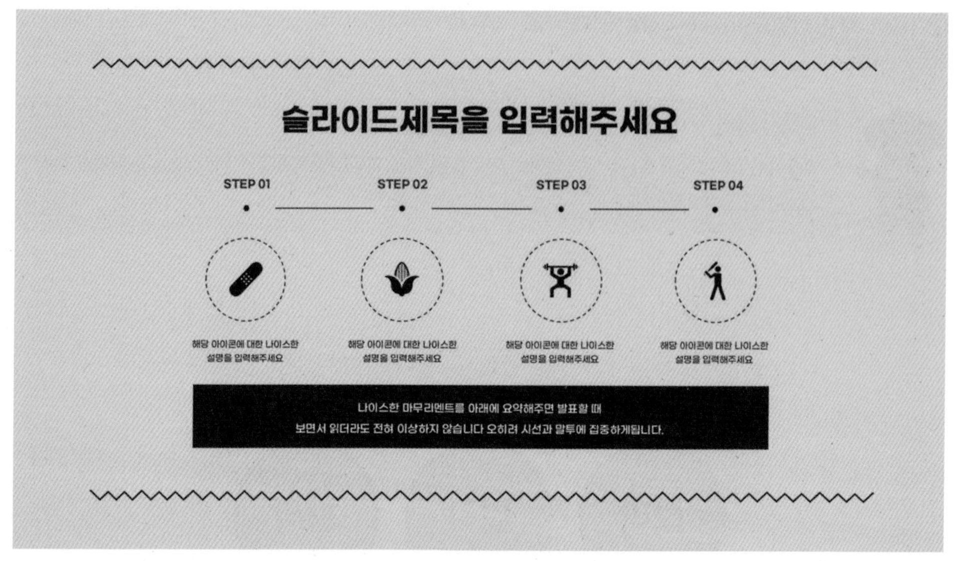

5단계 정렬 공식을 적용한다면 어떠한 주제의 피피티를 만들더라도 깔끔하게 정렬된 고퀄리티 자료를 만들 수 있습니다.

피피티 공략집 | 개체 선택 방법 총정리

• 모든 개체 선택하기

▲ Ctrl + A

• 개체 선택 취소하기

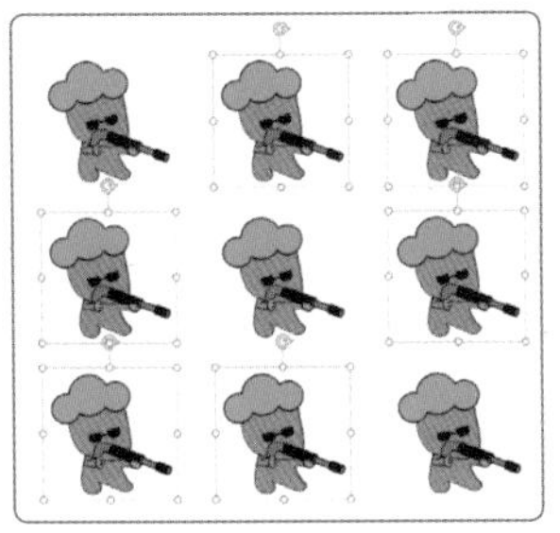

▲ 선택된 개체 Ctrl + 클릭

• 여러 개체 선택하기

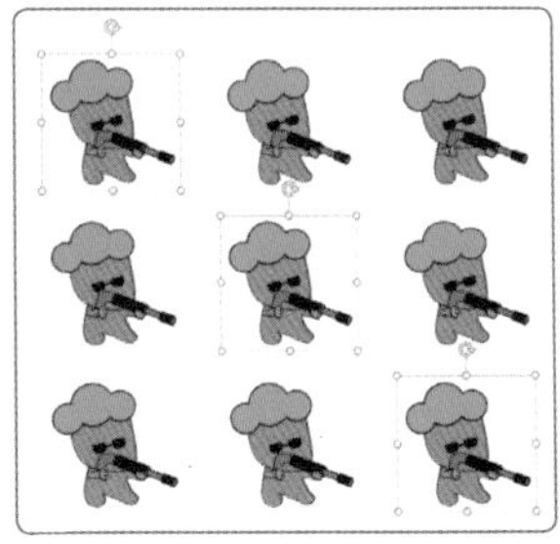

▲ Ctrl + 클릭

Ctrl + A를 누르면 슬라이드 안의 모든 개체를 한 번에 선택할 수 있어요. 개체가 선택된 상태에서 Ctrl을 누르고 개체를 클릭하면 선택을 해제할 수 있죠! 전체 선택된 개체 중 제외하고 싶은 개체를 편하게 제외할 수 있어요. Ctrl을 누른 상태에서 개체를 클릭하면 한 번에 여러 개체를 선택할 수 있습니다.

• 마우스 드래그해서 선택하기

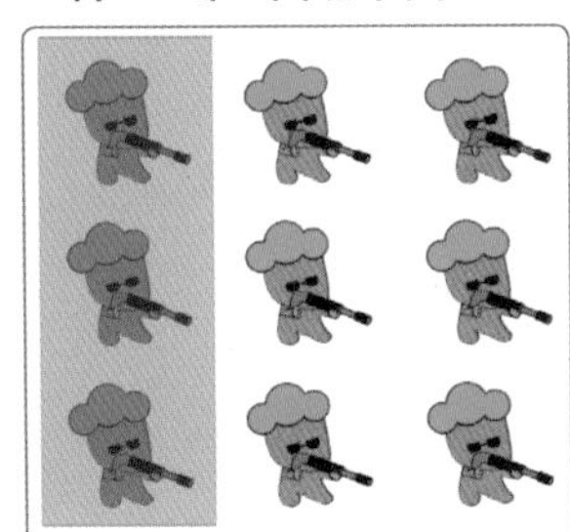

▲ 드래그

마우스를 드래그해서 개체를 선택할 땐 드래그할 때 표시되는 음영 안에 들어온 개체만 선택할 수 있어요. 특정 영역 안에 있는 개체를 선택할 때 편리하죠. 드래그해서 선택할 수 없는 개체나 선택한 개체 중 선택을 취소하고 싶은 개체가 있다면 Ctrl을 누른 상태에서 개체를 클릭하면 추가하거나 제외할 수 있어요.

03 키보드에 곰팡이 피는 단축키

피피티 만들 때 오른손에는 마우스, 왼손에는 키보드로 단축키 누르는 사람이 제일 멋있는 거 아시죠? 수많은 피피티 단축키 중, 알짜배기만 모았습니다. 빠짐없이 외워서 양손으로 멋지게 피피티 만드는 그날이 오기를 바랍니다.

사용빈도 1위 단축키 모음

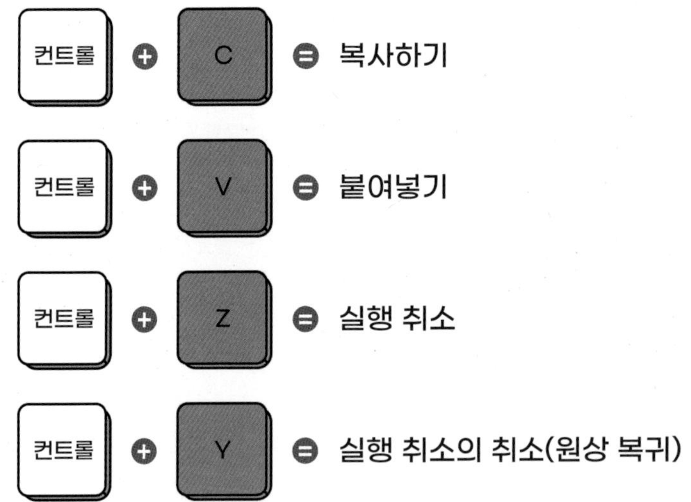

근본 단축키죠? 특히, Ctrl + Z는 피피티 작업에 없어서는 안 되는 필수 단축키입니다.

- Ctrl + C : 선택한 개체를 복사합니다.
- Ctrl + V : 복사한 개체를 붙여넣습니다.
- Ctrl + Z : 실행한 작업을 취소합니다.
- Ctrl + Y : 취소한 작업을 다시 실행합니다.

'실행 취소(Ctrl+Z)', '다시 실행(Ctrl+Y)'으로 되돌릴 수 있는 횟수의 기본값은 '20회'이며 최대 '150'회까지 설정할 수 있습니다. 최대 사용 횟수를 변경하려면 [파일] - [옵션] - [고급]을 차례대로 선택한 다음 '편집 옵션'의 '실행 취소 최대 횟수'에 '150'을 입력하면 됩니다.

글꼴 관련 단축키 모음

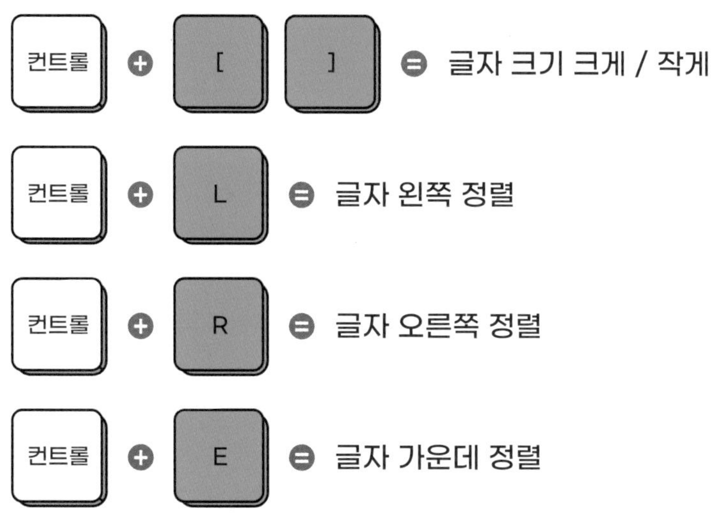

피피티에서 텍스트 입력하기에도 바쁜데 일일이 메뉴를 찾아 누를 순 없잖아요? 단축키를 사용하지 않고 텍스트를 입력하는 건 너무 비효율적이에요. 정렬과 글자 크기 조절 단축키는 정말 많이 활용됩니다.

- Ctrl + [,] : 선택한 텍스트 상자의 텍스트나 블록 지정한 텍스트의 크기를 한 단계씩 크게/작게 변경합니다.
- Ctrl + L : 선택한 텍스트 상자의 텍스트나 블록 지정한 텍스트를 왼쪽 정렬합니다.
- Ctrl + R : 선택한 텍스트 상자의 텍스트나 블록 지정한 텍스트를 오른쪽 정렬합니다.
- Ctrl + E : 선택한 텍스트 상자의 텍스트나 블록 지정한 텍스트를 가운데 정렬합니다.

피피티를 만들 때마다 글자 크기를 몇으로 넣어야 되는지 고민이죠? 오른쪽의 QR코드를 스캔하면 폰트 크기 치트키로 바로 해결 가능합니다.

슬라이드 관련 단축키 모음

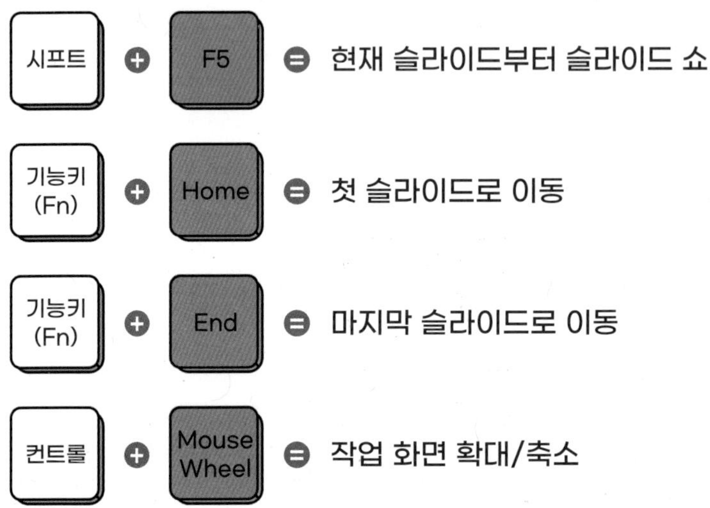

한두 장의 슬라이드를 만들 땐 사용할 일 없는 단축키이지만, 여러 장의 슬라이드를 만들어야 한다면 유용한 단축키입니다.

- Shift + F5 : 현재 선택된 슬라이드부터 슬라이드 쇼를 실행합니다. 작업 중인 슬라이드를 전체화면으로 확인할 때 유용한 단축키입니다.
- Fn + Home, End : 작업 중인 PPT 문서의 첫 슬라이드나 마지막 슬라이드로 이동합니다.
- Ctrl + 마우스 휠 : 작업 화면을 확대, 축소합니다. 슬라이드 목록에서 Ctrl + 마우스 휠을 굴리면 슬라이드 썸네일의 크기를 확대/축소할 수 있습니다.

도형 관련 단축키 모음

도형은 단축키를 사용하여 만들어나가면 작업시간을 정말 효율적으로 단축할 수 있다는 사실!

- Shift + [개체 삽입] : 가로/세로의 비율이 같은 개체를 삽입합니다.
- Alt + ←, → : 선택한 개체를 15°씩 회전시킵니다.
- ←, ↑, →, ↓ : 선택한 개체를 미세하게 이동시킵니다.
- Shift + ←, ↑, →, ↓ : 도형의 크기를 조절합니다. Shift를 누른 상태에서 방향키를 누르면 도형의 위치를 유지한 채 크기만 조절할 수 있습니다.

파일 관련 단축키 모음

피피티 만들다가 저장 잘못해서 식은땀 날 일 없도록 열기, 저장 관련 단축키는 필수! 자주 사용하는 메뉴의 단축키도 챙겨가세요.

- Ctrl + F12 : '열기' 대화상자를 표시합니다.
- Ctrl + S : 작업 중인 PPT 문서를 저장합니다.
- Ctrl + Shift + S : 작업 중인 PPT 문서를 다른 이름으로 저장합니다.
- Ctrl + P : 작업 중인 PPT 문서의 '인쇄' 대화상자를 표시합니다.

사용 효율 극강 레전드 단축키 모음

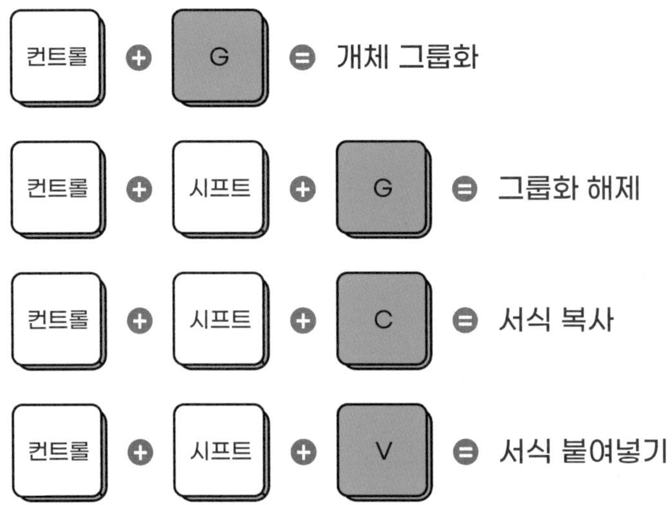

사실상 단축키 우승후보만 모아 놓은 레전드 모음! 이 단축키들 덕분에 형들의 퇴근시간이 빨라진다면 안 쓸 수가 없겠죠?

- Ctrl + G : 선택한 개체를 그룹화합니다.
- Ctrl + Shift + G : 그룹화된 개체의 그룹화를 해제합니다.
- Ctrl + Shift + C : 선택한 개체의 서식을 복사합니다.
- Ctrl + Shift + V : 복사한 서식을 붙여 넣습니다.

피피티 공략집 | 캡처 + 클립보드 단축키

피피티를 작업할 때 레퍼런스 참고는 필수죠. 형들이 참고한 레퍼런스를 캡처할 때 유용한 단축키를 알려 줄게요.

- **캡처하기**

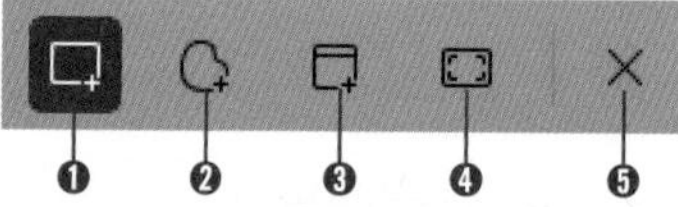

지금 모니터에 표시된 화면을 캡처하고 싶다면 ⊞ + Shift + S를 눌러보세요. 화면 위쪽에 캡처도구가 표시되므로 원하는 화면을 캡처할 수 있습니다.

❶ 화면 중 원하는 영역을 드래그해 사각형 모양으로 캡처합니다.
❷ 화면 중 원하는 영역을 자유로운 형태로 캡처합니다.
❸ 화면에 표시된 창 전체를 캡처합니다.
❹ 화면에 표시된 전체 영역을 캡처합니다.
❺ 캡처 도구를 닫습니다.

- **복사 내역 불러오기(클립보드)**

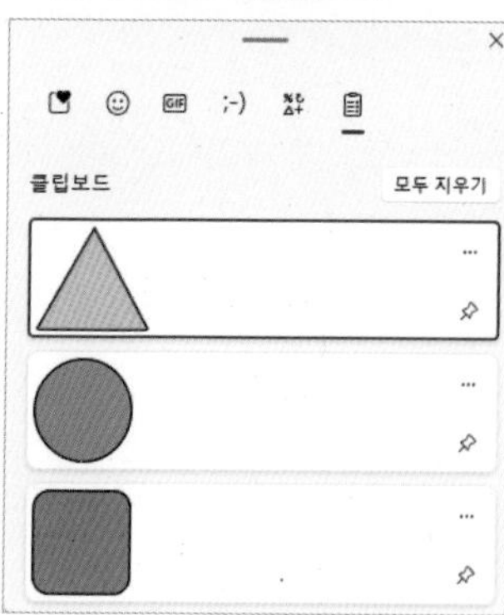

여러 개체를 복사, 붙여넣기 위해 같은 작업을 반복했다면 ⊞ + V를 눌러보세요. 클립보드 창이 표시되므로 이전에 복사한 내역을 확인하고 불러와 재사용할 수 있습니다. 한 개 이상의 개체를 여러 번 복사/붙여넣기할 때 유용합니다.

실습

04 사진을 강조하는 방법

피피티에서 텍스트보다 훨씬 큰 임팩트를 주는 사진! 효과가 강력한 만큼 사진이 제대로 강조된다면 더할 나위 없이 좋겠죠. 나이스하게 사진을 강조할 수 있는 세 가지 방법을 알려 줄게요.

사진을 제대로 강조하는 방법

▲ 기본 사진

▲ 사진+테두리

▲ 사진+그림자

▲ 사진+트렌디한 느낌

윤곽선을 이용한 강조

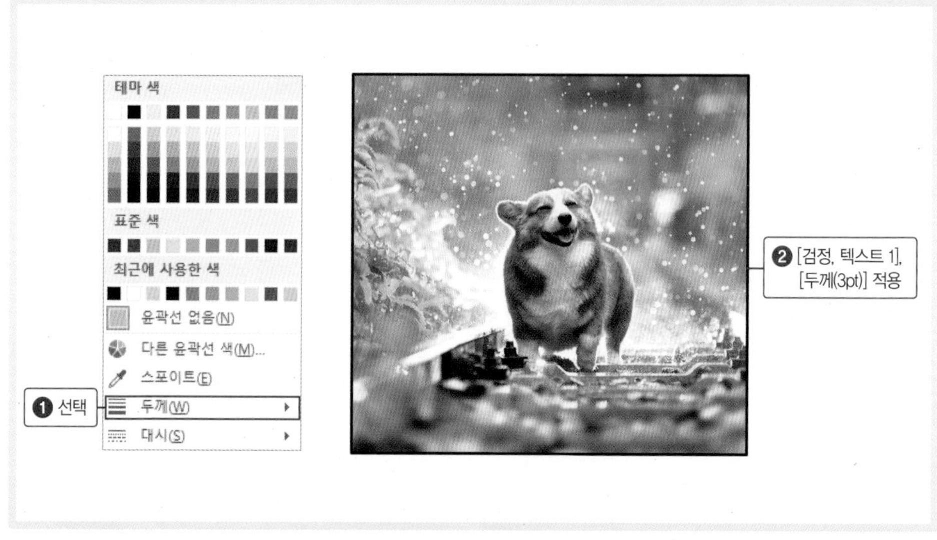

•••

검정색 윤곽선만 사용했을 뿐인데 사진으로 시선이 확 집중되는 게 느껴집니다.

Ⓠ 사진을 마우스 오른쪽 버튼으로 클릭하여 [그림 서식]을 선택하고 테두리를 적용합니다.

여기서는 색상 [검정, 텍스트 1], 그림 테두리 [두께(3pt)]를 선택했습니다.

그림자를 이용한 강조

• • •

그림자를 이용해서 사진에 강조 효과를 넣으면 피피티에 감성이 추가되는 분위기를 연출할 수 있어요.

① 사진을 선택하고 [그림 서식] – [그림 효과] – [그림자] – [오른쪽 아래]를 차례대로 선택하면 그림자로 사진 강조하기 완료!

트렌디하게 강조

이번에는 MZ 세대 감성으로 과하지 않으면서 트렌디하게 사진에 시선을 집중시킬 수 있는 나이스한 강조 방법을 알려줄게요.

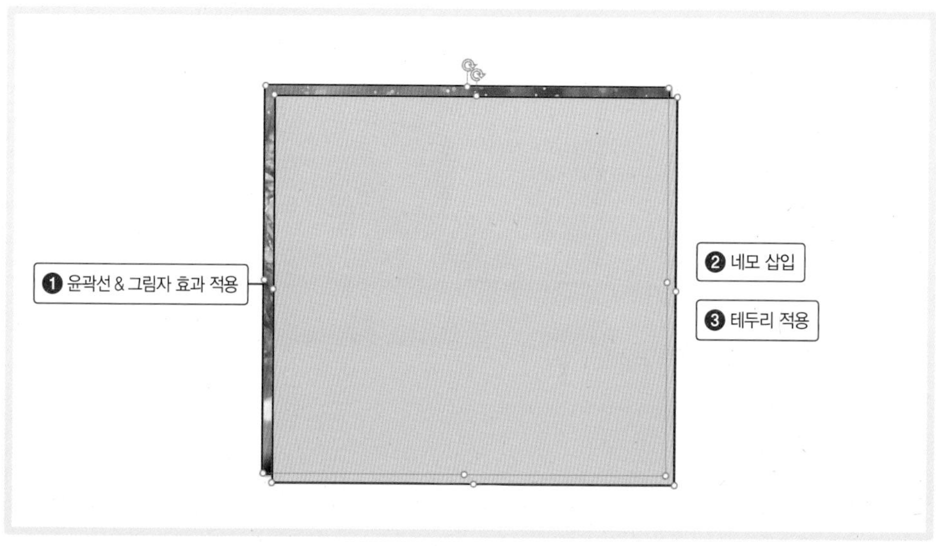

①. 사진에 윤곽선과 그림자 강조 효과를 적용합니다.

②. 사진과 같은 크기의 회색 네모를 삽입합니다.

③. 색상을 변경한 네모에도 테두리 효과를 적용해 주세요.

•••

① 사진 앞의 네모를 마우스 오른쪽 버튼으로 클릭한 다음 [맨 뒤로 보내기]를 선택합니다.

② 네모를 사진 오른쪽 아래에 보기 좋게 배치해 주세요.

방향키를 활용하면 도형의 위치를 미세하게 조절할 수 있습니다.

이론

05 텍스트를 강조하는 방법

피피티에서 가장 많은 부분을 차지하는 텍스트, 형들이 원하는 텍스트만 임팩트 있게 강조할 수 있다면 자신감을 가지고 피피티를 만들 수 있겠죠? 텍스트를 강조하는 세 가지 방법을 알려줄게요.

텍스트 강조로 피피티에 새 생명을

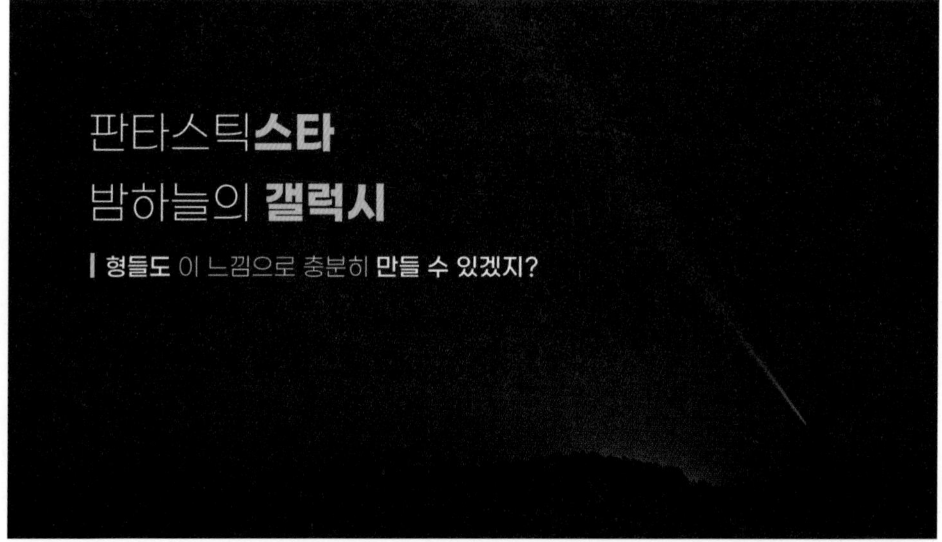

피피티를 만들면서 텍스트의 강조로 강약 조절을 맛깔나게 할 수 있다면 형들이 원하는 발표 자료를 만드는 데 정말 큰 힘이 되겠죠? 텍스트 강조만으로 피피티에 새 생명을 레쓰고하는 방법 바로 알려드리겠습니다.

일반적인 텍스트 강조 방법

일반 형님들의 강조

살어리 살어리랏다 청산에 살어리랏다
머루랑 다래랑 먹고 청산에 살어리랏다
얄리얄리 얄랑셩 얄라리 얄라
울어라 울어라 새여, 자고 일어나 울어라 새여
너보다 시름 많은 나도 자고 일어나 우는구나
얄리얄리 얄라셩 얄라리 얄라

보통 텍스트를 강조할 때, 강조할 텍스트를 굵게 하거나 빨간색으로 강조를 하죠? 이것보다 더 욱 임팩트 있는 강조 방법을 알려줄게요

폰트 굵기로 강조하기

텍스트 기본형

살어리 살어리랏다 청산에 살어리랏다
머루랑 다래랑 먹고 청산에 살어리랏다
얄리얄리 얄랑셩 얄라리 얄라
울어라 울어라 새여, 자고 일어나 울어라 새여
너보다 시름 많은 나도 자고 일어나 우는구나
얄리얄리 얄라셩 얄라리 얄라

굵은 폰트 강조

살어리 살어리랏다 청산에 살어리랏다
머루랑 다래랑 먹고 청산에 살어리랏다
얄리얄리 얄랑셩 얄라리 얄라
울어라 울어라 새여, 자고 일어나 울어라 새여
너보다 시름 많은 나도 자고 일어나 우는구나
얄리얄리 얄라셩 얄라리 얄라

전체 텍스트 중 강조하고 싶은 부분이 있다면 서식으로 특정 텍스트를 굵게 지정하는 것보다 폰트 패밀리(Font Fmily) 중 굵은 폰트로 강조해 보세요. 여기서는 **기본 텍스트는 '나눔스퀘어ac'를 사용했고 강조할 텍스트는 '나눔스퀘어_ac Bold'를 사용했습니다.** 이렇게 폰트 패밀리 중 굵은 폰트를 사용하면 전체 텍스트 중 일부만 강조해 눈에 띄게 할 수 있습니다.

폰트 패밀리는 굵기나 기울기 등의 변형이 이뤄진 폰트의 모음을 의미합니다. '나눔스퀘어_ac Bold'는 '나눔스퀘어_ac'의 굵기를 조절한 폰트로 '나눔스퀘어_ac'와 '나눔스퀘어_ac Bold'는 서로 폰트 패밀리입니다.

폰트 패밀리와 색상으로 강조하기

텍스트를 더 눈에 띄게 강조하고 싶다면 폰트 패밀리와 강조할 텍스트를 배경과 대비되는 색상으로 구분해 보세요. 여기서는 **강조할 텍스트를 '나눔스퀘어_ac Bold'로 구분하고 배경과 대비되는 색상으로 강조했습니다.** 검은 배경과 대비되는 노란색을 사용하여 가독성을 높임으로써 자연스럽게 강조할 수 있습니다.

색상 도형으로 강조하기

강조할 텍스트 뒤에 색상 도형을 삽입하면 형광펜으로 줄을 친 것과 같은 강조 효과를 줄 수 있습니다. 여기서 중요한 것은 강조할 텍스트를 도형 색상과 대비되는 색상으로 지정하는 것입니다.

지금까지 알아본 세 가지 텍스트 강조 방법을 활용하면 텍스트만으로도 임팩트 있는 피피티 자료를 만들 수 있습니다.

06 텍스트 많은 슬라이드 심폐소생술

피피티 자료를 만들다 보면 하고 싶은 말은 너무 많은데 하얀 슬라이드는 너무 작아서 텍스트가 한가득 들어가는 경우가 있습니다. 이런 순간 가독성을 올릴 수 있는 나이스한 치트키를 알려줄 게요.

텍스트 구조화하기

피피티사냥꾼은 말이야
과일 장사도 하면서 피피티 컨텐츠도 만들고 있어.
매일 새벽에 시장에서 과일장사꾼으로 활약하고 저
녁에는 피피티사냥꾼으로 컨텐츠를 만들고 있어.
나도 피피티에 전혀 소질이 없었으나 꾸준히 연습
하다보니 이렇게 책을 쓰게 됐지 뭐야. 머지 않아
다른 사냥꾼으로 형들에게 새로운 모습도 선보일
수 있지 않을까 싶어

이렇게 단순히 나열된 텍스트로 재미없는 슬라이드가 어떻게 변해가는지 함께 확인해봐요!

피피티사냥꾼은 말이야
과일 장사도 하면서 피피티 컨텐츠도 만들고 있어.
매일 새벽에 시장에서 과일장사꾼으로 활약하고 저녁에는 피피티사냥꾼으로 컨텐츠를 만들고 있어.
나도 피피티에 전혀 소질이 없었으나 꾸준히 연습하다보니 이렇게 책을 쓰게 됐지 뭐야. 머지 않아 다른 사냥꾼으로 형들에게 새로운 모습도 선보일 수 있지 않을까 싶어

피피티사냥꾼 소개

과일 장사도 하면서 피피티 컨텐츠도 만들고 있어.
매일 새벽에 시장에서 과일장사꾼으로 활약하고 저녁에는 피피티사냥꾼으로 컨텐츠를 만들고 있어.
나도 피피티에 전혀 소질이 없었으나 꾸준히 연습하다보니 이렇게 책을 쓰게 됐지 뭐야. 머지 않아 다른 사냥꾼으로 형들에게 새로운 모습도 선보일 수 있지 않을까 싶어

우선, 제목과 본문을 구분해 보세요. 제목과 본문을 구분하는 것만으로도 가독성이 향상됩니다.

피피티사냥꾼 소개

과일 장사도 하면서 피피티 컨텐츠도 만들고 있어.
매일 새벽에 시장에서 과일장사꾼으로 활약하고 저녁에는 피피티사냥꾼으로 컨텐츠를 만들고 있어.
나도 피피티에 전혀 소질이 없었으나 꾸준히 연습하다보니 이렇게 책을 쓰게 됐지 뭐야. 머지 않아 다른 사냥꾼으로 형들에게 새로운 모습도 선보일 수 있지 않을까 싶어

피피티사냥꾼 소개

과일 장사도 하면서 피피티 컨텐츠도 만들고 있어.
매일 새벽에 시장에서 과일장사꾼으로 활약하고 저녁에는 피피티사냥꾼으로 컨텐츠를 만들고 있어.
나도 피피티에 전혀 소질이 없었으나 꾸준히 연습하다보니 이렇게 책을 쓰게 됐지 뭐야. 머지 않아 다른 사냥꾼으로 형들에게 새로운 모습도 선보일 수 있지 않을까 싶어

텍스트가 많다면 '양쪽 맞춤'으로 정렬을 레쓰고바리 해주세요. 텍스트가 많으면 많을수록 가독성 측면에서 엄청난 차이를 확인할 수 있습니다.

피피티사냥꾼 소개	**피피티사냥꾼 소개**
과일 장사도 하면서 피피티 컨텐츠도 만들고 있어. 매일 새벽에 시장에서 과일장사꾼으로 활약하고 저녁에는 피피티사냥꾼으로 컨텐츠를 만들고 있어. 나도 피피티에 전혀 소질이 없었으나 꾸준히 연습하다보니 이렇게 책을 쓰게 됐지 뭐야. 머지 않아 다른 사냥꾼으로 형들에게 새로운 모습도 선보일 수 있지 않을까 싶어	매일 새벽에 과일 장사꾼으로 활약하고 저녁에는 피피티 컨텐츠를 만들고 있어. 나도 피피티에 전혀 소질이 없었으나 꾸준히 연습하다보니 이렇게 책을 쓰게 됐지 뭐야. 머지 않아 다른 사냥꾼으로 형들에게 새로운 모습도 선보일 수 있지 않을까 싶어 **현재 직업은 피피티 사냥꾼 그리고 과일 장사꾼으로 맹활약 하고있어**

제목과 본문을 구분하고 '양쪽 맞춤'으로 정렬했는데도 아쉬운 부분이 있다면 본문 텍스트에서 **키메시지를 선정해 본문과 다른 문단으로 구분해 배치**해 보세요. 물론 모든 내용이 중요하지만 길고 긴 본문 텍스트 중 키 메시지를 선정한다면 해당 메시지에 청중이 집중할 수밖에 없습니다.

텍스트 정리정돈하기

피피티 사냥꾼의 새벽 : 눈을 뜨고 시계를 보니 어느덧 핸드폰 시계는 새벽 세시를 가리키고 있다. 제일 먼저 드는 마음은 출근하기 싫다는 마음이지만 언제나 그 마음을 이겨내고 출근하는 내가 너무 멋있어. 피피티 사냥꾼의 낮 : 초보 과일장사꾼이 허리에 복대(돈주머니)를 두르고 있지 않으면 새벽 장사꾼의 세계에서는 처참하게 무시당한다. 시작한지 얼마 되지 않았지만 언젠가는 과일산업의 거상으로 자리잡을 생각을 하며 여름에 에어컨도 없는 시장에서 매일 구슬 땀을 흘리며 활약하고 있다. 피피티 사냥꾼의 저녁 : 이제는 피피티 사냥꾼이라는 가면을 쓰고 온라인 쇼셜네트워크에서 피피티 컨텐츠 크리에이터로 맹활약한다. 매일 형들이 좋아할 만한 새로운 컨텐츠를 사냥하려고 굉장히 발버둥 치다 보니 오늘도 시계는 어느덧 밤 열시가 다 되어간다. 내일 세시에 장사하러 나갈라면 빨리 자야겠다.

이번에는 정돈되지 않은 나열형 텍스트를 치트키로 나이스하게 심폐소생해 볼게요.

피피티 사냥꾼의 새벽 : 눈을 뜨고 시계를 보니 어느덧 핸드폰 시계는 새벽 세시를 가리키고 있다. 제일 먼저 드는 마음은 출근하기 싫다는 마음이지만 언제나 그 마음을 이겨내고 출근하는 내가 너무 멋있어. 피피티 사냥꾼의 낮 : 초보 과일장사꾼이 허리에 복대(돈주머니)를 두르고 있지 않으면 새벽 장사꾼의 세계에서는 처참하게 무시당한다. 시작한지 얼마 되지 않았지만 언젠가는 과일산업의 거상으로 자리잡을 생각을 하며 여름에 에어컨도 없는 시장에서 매일 구슬 땀을 흘리며 활약하고 있다. 피피티 사냥꾼의 저녁 : 이제는 피피티 사냥꾼이라는 가면을 쓰고 온라인 쇼셜네트워크에서 피피티 컨텐츠 크리에이터로 맹활약한다. 매일 형들이 좋아할 만한 새로운 컨텐츠를 사냥하려고 굉장히 발버둥 치다 보니 오늘도 시계는 어느덧 밤 열시가 다 되어간다. 내일 세시에 장사하러 나갈라면 빨리 자야겠다.

피피티 사냥꾼의 새벽

눈을 뜨고 시계를 보니 어느덧 핸드폰 시계는 새벽 세시를 가리키고 있다. 제일 먼저 드는 마음은 출근하기 싫다는 마음이지만 언제나 그 마음을 이겨내고 출근하는 내가 너무 멋있어.

피피티 사냥꾼의 낮

초보 과일장사꾼이 허리에 복대(돈주머니)를 두르고 있지 않으면 새벽 장사꾼의 세계에서는 처참하게 무시당한다. 시작한지 얼마 되지 않았지만 언젠가는 과일산업의 거상으로 자리잡을 생각을 하며 여름에 에어컨도 없는 시장에서 매일 구슬 땀을 흘리며 활약하고 있다

피피티 사냥꾼의 저녁

이제는 피피티 사냥꾼이라는 가면을 쓰고 온라인 쇼셜네트워크에서 피피티 컨텐츠 크리에이터로 맹활약한다. 매일 형들이 좋아할 만한 새로운 컨텐츠를 사냥하려고 굉장히 발버둥 치다 보니 오늘도 시계는 어느덧 밤 열시가 다 되어간다. 내일 세시에 장사하러 나갈라면 빨리 자야겠다.

먼저 텍스트를 각 주제에 맞게 단락으로 구분해 보세요. 하나의 큰 덩어리였던 텍스트를 주제에 맞게 정리하는 것만으로도 가독성이 높아집니다. 또한 주제별로 단락을 구분했으므로 전달하고자 하는 내용을 뚜렷하게 드러낼 수 있습니다.

피피티 사냥꾼의 새벽

눈을 뜨고 시계를 보니 어느덧 핸드폰 시계는 새벽 세시를 가리키고 있다. 제일 먼저 드는 마음은 출근하기 싫다는 마음이지만 언제나 그 마음을 이겨내고 출근하는 내가 너무 멋있어.

피피티 사냥꾼의 낮

초보 과일장사꾼이 허리에 복대(돈주머니)를 두르고 있지 않으면 새벽 장사꾼의 세계에서는 처참하게 무시당한다. 시작한지 얼마 되지 않았지만 언젠가는 과일산업의 거상으로 자리잡을 생각을 하며 여름에 에어컨도 없는 시장에서 매일 구슬 땀을 흘리며 활약하고 있다

피피티 사냥꾼의 저녁

이제는 피피티 사냥꾼이라는 가면을 쓰고 온라인 쇼셜네트워크에서 피피티 컨텐츠 크리에이터로 맹활약한다. 매일 형들이 좋아할 만한 새로운 컨텐츠를 사냥하려고 굉장히 발버둥 치다 보니 오늘도 시계는 어느덧 밤 열시가 다 되어간다. 내일 세시에 장사하러 나갈라면 빨리 자야겠다.

피피티 사냥꾼의 아침

눈을 뜨고 시계를 보니 어느덧 핸드폰 시계는 새벽 세시를 가리키고 있다. 제일 먼저 드는 마음은 출근하기 싫다는 마음이지만 언제나 그 마음을 이겨내고 출근하는 내가 너무 멋있어.

피피티 사냥꾼의 낮

초보 과일장사꾼이 허리에 복대(돈주머니)를 두르고 있지 않으면 새벽 장사꾼의 세계에서는 처참하게 무시당한다. 시작한지 얼마 되지 않았지만 언젠가는 과일산업의 거상으로 자리잡을 생각을 하며 여름에 에어컨도 없는 시장에서 매일 구슬 땀을 흘리며 활약하고 있다

피피티 사냥꾼의 저녁

이제는 피피티 사냥꾼이라는 가면을 쓰고 온라인 쇼셜네트워크에서 피피티 컨텐츠 크리에이터로 맹활약한다. 매일 형들이 좋아할 만한 새로운 컨텐츠를 사냥하려고 굉장히 발버둥 치다 보니 오늘도 시계는 어느덧 밤 열시가 다 되어간다. 내일 세시에 장사하러 나갈라면 빨리 자야겠다.

단락으로 구분한 텍스트의 양이 일정하지 않아 정렬을 변경해도 불규칙해 보인다면 일정한 크기의 도형을 삽입하면 됩니다. **텍스트가 많은 단락을 기준으로 도형을 삽입해 배치하면 훨씬 깔끔한 인상을 전달**할 수 있습니다.

피피티 사냥꾼의 아침

눈을 뜨고 시계를 보니 어느덧 핸드폰 시계는 새벽 세시를 가리키고 있다. 제일 먼저 드는 마음은 출근하기 싫다는 마음이지만 언제나 그 마음을 이겨내고 출근하는 내가 너무 멋있어.

피피티 사냥꾼의 낮

초보 과일장사꾼이 허리에 복대(돈주머니)를 두르고 있지 않으면 새벽 장사꾼의 세계에서는 처참하게 무시당한다. 시작한지 얼마 되지 않았지만 언젠가는 과일산업의 거상으로 자리잡을 생각을 하며 여름에 에어컨도 없는 시장에서 매일 구슬 땀을 흘리며 활약하고 있다

피피티 사냥꾼의 저녁

이제는 피피티 사냥꾼이라는 가면을 쓰고 온라인 쇼셜네트워크에서 피피티 컨텐츠 크리에이터로 맹활약한다. 매일 형들이 좋아할 만한 새로운 컨텐츠를 사냥하려고 굉장히 발버둥 치다 보니 오늘도 시계는 어느덧 밤 열시가 다 되어간다. 내일 세시에 장사하러 나갈라면 빨리 자야겠다.

피피티 사냥꾼의 아침

눈을 뜨고 시계를 보니 어느덧 핸드폰 시계는 새벽 세시를 가리키고 있다. 제일 먼저 드는 마음은 출근하기 싫다는 마음이지만 언제나 그 마음을 이겨내고 출근하는 내가 너무 멋있어.

》 문단의 키메시지 입력 레쓰고바리

피피티 사냥꾼의 낮

초보 과일장사꾼이 허리에 복대(돈주머니)를 두르고 있지 않으면 새벽 장사꾼의 세계에서는 처참하게 무시당한다. 시작한지 얼마 되지 않았지만 언젠가는 과일산업의 거상으로 자리잡을 생각을 하며 여름에 에어컨도 없는 시장에서 매일 구슬 땀을 흘리며 활약하고 있다

》 문단의 키메시지 입력 레쓰고바리

피피티 사냥꾼의 저녁

이제는 피피티 사냥꾼이라는 가면을 쓰고 온라인 쇼셜네트워크에서 피피티 컨텐츠 크리에이터로 맹활약한다. 매일 형들이 좋아할 만한 새로운 컨텐츠를 사냥하려고 굉장히 발버둥 치다 보니 오늘도 시계는 어느덧 밤 열시가 다 되어간다. 내일 세시에 장사하러 나갈라면 빨리 자야겠다.

》 문단의 키메시지 입력 레쓰고바리

이제 각 단락에서 키 메시지를 선정할 차례입니다. 한 슬라이드에 텍스트가 많을 경우 다 읽기도 전에 큰형님이 지칠 수 있으니 **각 단락의 내용 중 강조하고 싶은 키 메시지만 구분**해주면 많은 텍스트 중 중요한 내용만 빠르게 훑어볼 수 있습니다.

실습

07 파워포인트 메뉴 셀프 인테리어! 빠른 실행 도구 모음

피피티 작업 중 자주 사용하는 메뉴가 있다면 이런 메뉴를 셀프 인테리어해서 단축키로 만들 수 있다는 사실 알고 있었나요? 피피티의 작업 시간을 1/10로 단축시켜주는 빠른 실행 도구 모음의 모든 것을 알려드릴게요.

셀프 커스터마이징 단축키 만들기

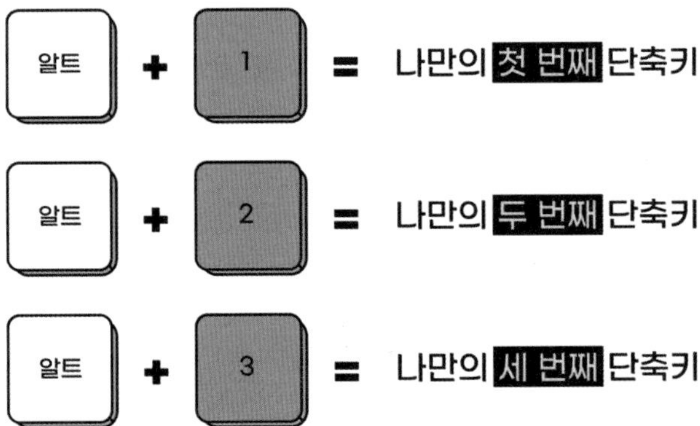

피피티 작업 중 자주 사용하는 메뉴를 빠른 실행 도구 모음에 등록하고 Alt + 0 ~ 9의 단축키로 커스터마이징하는 방법을 쉽게 알려줄게요.

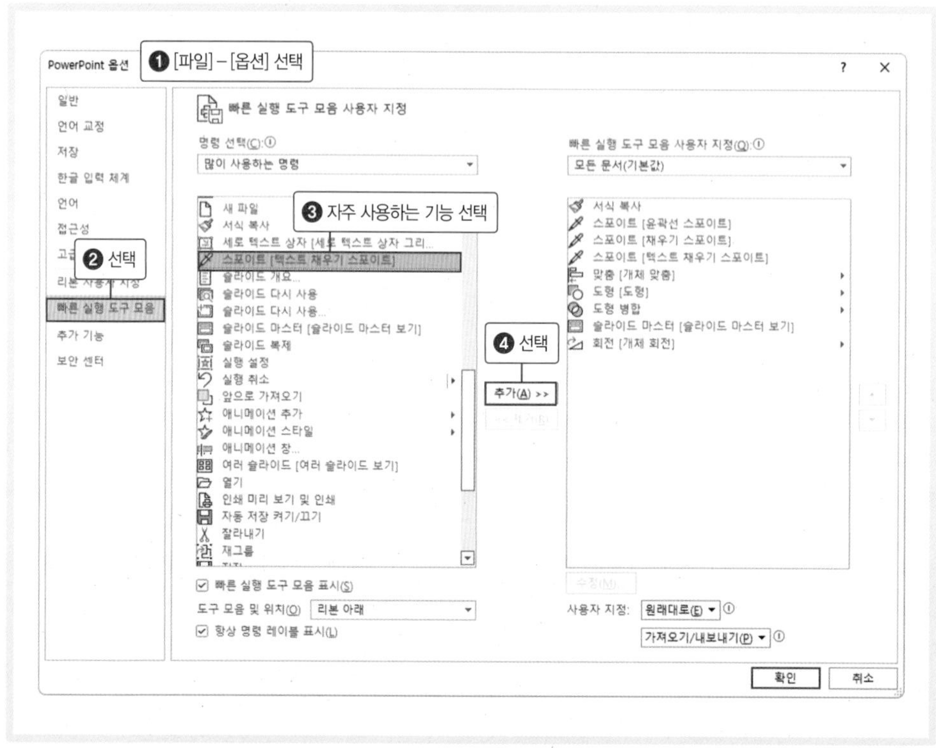

① [파일] – [옵션]을 차례대로 선택하면 'PowerPoint 옵션' 창이 표시됩니다.

② 사이드바에서 [빠른 실행 도구 모음]을 선택한 다음 형들이 자주 사용하는 명령을 선택하고 [추가]를 클릭하면 선택한 명령이 [빠른 실행 도구 모음 사용자 지정]에 등록됩니다.

③ [빠른 실행 도구 모음 사용자 지정]의 첫 번째 명령부터 단축키가 할당됩니다.

④ 명령 추가와 순서를 모두 지정한 다음 [확인]을 클릭해 작업화면으로 돌아갑니다.

특정 명령에 원하는 단축키를 할당하려면 [빠른 실행 도구 모음 사용자 지정] 옆의 [▲, ▼]을 클릭해 원하는 순서로 변경할 수 있습니다.

피피티사냥꾼 추천 빠른 실행 도구 모음 명령

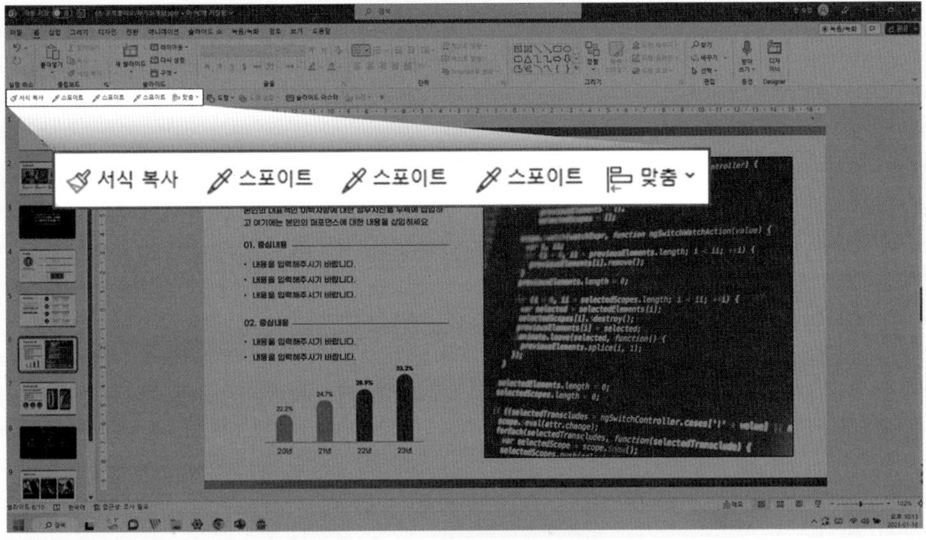

• • •

자주 사용하지만 번거롭게 상위 메뉴부터 선택해야만 사용할 수 있었던 메뉴나 명령이 [빠른 실행 도구 모음]에 표시됩니다. Alt를 눌러보세요. 빠른 실행 도구 모음의 명령에 회색 숫자가 표시됩니다. Alt와 빠른 실행 도구 모음에 표시되는 숫자를 누르면 해당 명령이 바로 실행됩니다. [빠른 실행 도구 모음]의 명령은 Alt와 숫자키 조합의 단축키로 실행할 수도 있습니다.

피피티 공략집 | 피피티사냥꾼이 추천하는 빠른 실행 도구 모음

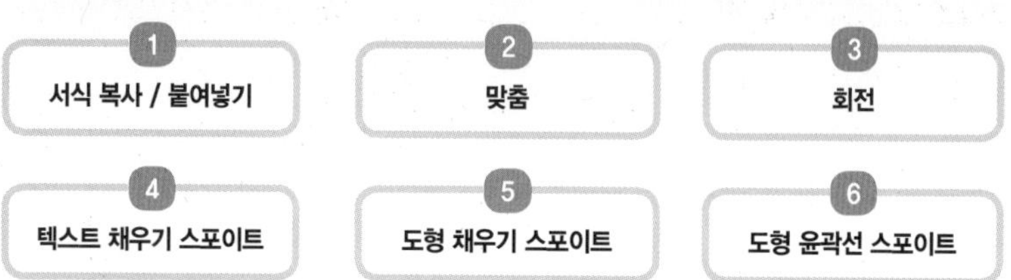

❶ 서식 복사/붙여넣기 : Ctrl + Shift + C / V 의 세 개의 키 조합보다 편합니다. 서식 복사/붙여넣기를 빠른 실행 도구 모음에 추가하면 피피티 작업의 신세계가 펼쳐집니다.

❷ 맞춤 : 그룹화와 함께 사용하면 찰떡인 [맞춤]! 애용하는 맞춤 메뉴가 있다면 빠른 실행 도구 모음에 추가해 Alt + 0 ~ 9 단축키로 지정해 보세요.

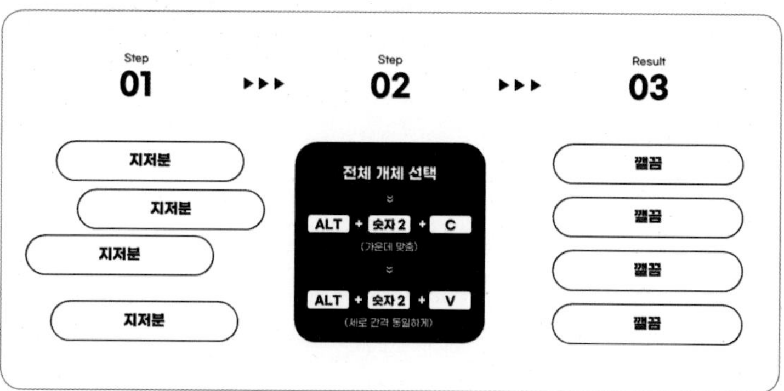

❸ 회전 : 도형과 텍스트 박스 등 다양한 개체를 많이 사용하는 피피티의 특성상 [회전]을 단축키로 지정하면 작업 효율이 2배 이상 상승합니다.

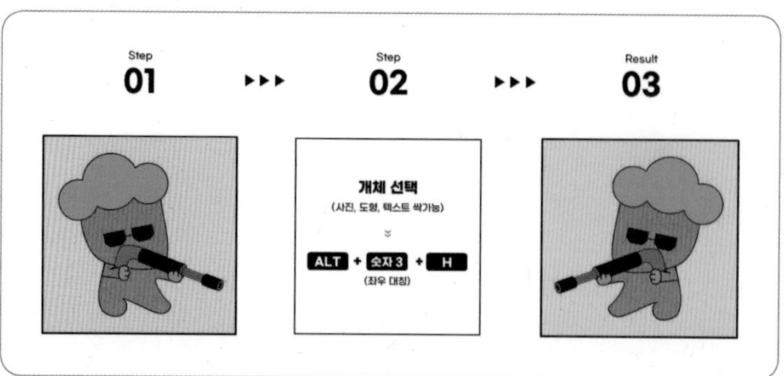

❹ 텍스트 채우기 스포이트 : 거의 모든 슬라이드에 꼭 필요한 텍스트 강조를 위해 텍스트 스포이트는 빠른 실행 도구 모음에 빠져서는 안 되는 필수 기능입니다.

❺ 도형 채우기 스포이트 : 제일 많이 사용하는 기능! 수많은 도형을 편하게 바꿀 수 있는 도형 채우기 스포이트도 필수 지정 메뉴입니다.

❻ 도형 윤곽선 스포이트 : 지금까지의 작업물을 살펴봤다면 도형 윤곽선을 활용해 나이스하게 내용을 강조한 거 RG? 텍스트, 도형 채우기 스포이트와 함께 도형 윤곽선 스포이트는 빠른 실행 도구 모음 국룰!

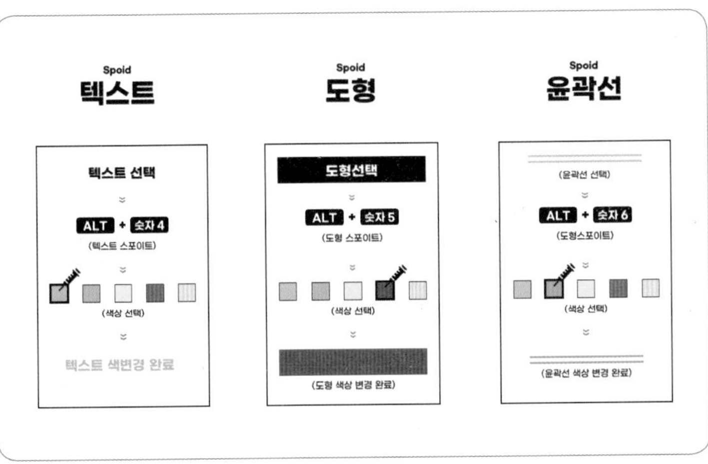

PART
표지 만드는 데 10분이면 충분하죠
목차는 5분도 안 걸려요
소제목 디자인 고민하지 마세요
이건 색상 조합 특급 치트키야
꿀 떨어지는 사진 + 텍스트 레이아웃 치트키
가독성, 우주 끝까지 끌어올리는 방법
초등학생도 이해할 수 있는
피피티 기획법

002

피피티사능문 파워포인트 필승 공략집

세상에서 가장 소중한 건 우리 형들의 시간! 소중한 작업 시간을 조금이라도 절약해서 피피티 기획에 할애한다면 굉장히 나이스하겠죠? 그래서 준비했습니다. 우리 형들의 평생 고민거리였던 표지, 목차, 소제목에 대한 고민을 말끔하게 해결해 줄게요. 뿐만 아니라 효율적인 레이아웃과 가독성을 높이는 방법까지 절약한 시간을 좀더 효율적으로 활용해 보세요.

실습

01 표지 만드는 데 10분이면 충분하죠

심사숙고해 완성한 피피티! 하지만 정작 콘셉트에 맞는 표지를 만들기 위해 아까운 시간을 다 날려버리는 경우가 허다하죠. 우리 형들이 가장 많은 고민을 하고 또 시간을 허비하는 게 피피티 표지 아닐까요? 이제 더이상 표지에 대한 고민을 하지 않도록 십 년 동안 돌려쓸 수 있는 표지를 10분 안에 완성하는 방법을 알려줄게요.

기본 표지 디자인 치트키

최대한 심플하고 간결하게! 하지만 아무도 뭐라 할 수 없는 깔끔한 기본형 피피티 표지를 만들어 볼게요.

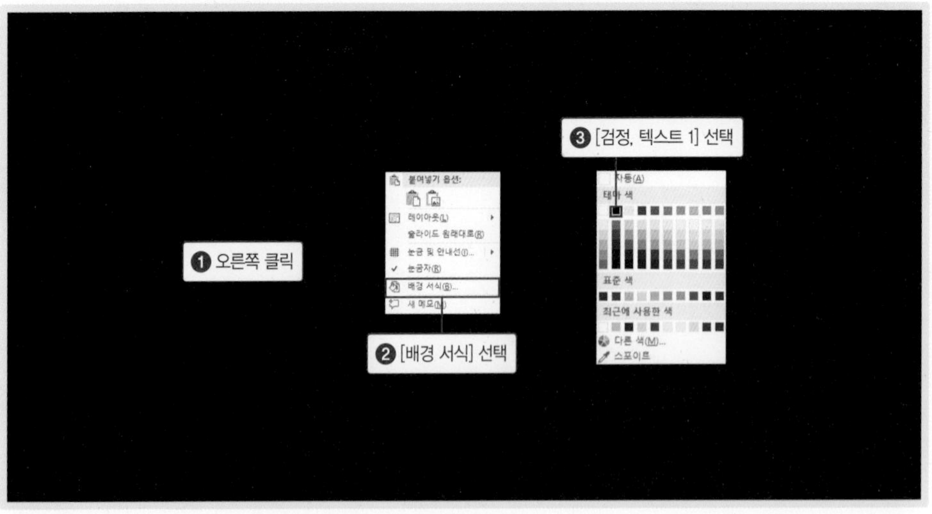

① 슬라이드의 빈 곳을 마우스 오른쪽 버튼으로 클릭합니다.
② [배경 서식]을 선택합니다.
③ [채우기] – [단색 채우기] – [색]을 차례대로 클릭한 다음 [검은색] 선택!

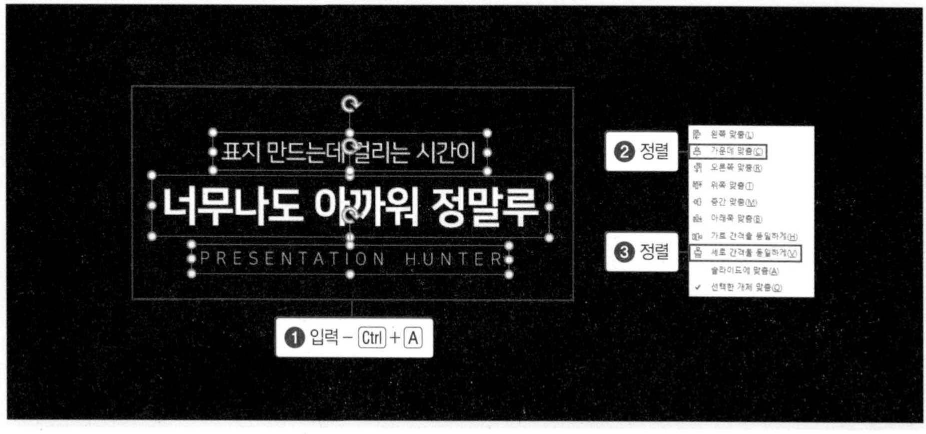

① 텍스트를 입력한 다음 Ctrl + A를 눌러 모든 텍스트 상자를 선택합니다.

② [홈] – [정렬] – [맞춤] – [가운데 맞춤]을 차례대로 선택해 텍스트 상자를 슬라이드 가운데에 배치합니다.

③ 모든 텍스트 상자가 선택된 상태에서 [홈] – [정렬] – [맞춤] – [세로 간격을 동일하게]를 선택하여 보기 좋게 정렬합니다.

회사명, 브랜드명, 영문 등을 [균등 분할]로 정렬하면 텍스트 상자의 너비에 맞춰 정렬되므로 안정감 있는 구도를 만들 수 있어요.

이제부터 완성한 기본 표지 디자인을 수정해 새로운 느낌의 피피티 표지를 만들어 볼게요. 조금씩만 수정하면 10년은 돌려쓸 수 있어요.

색상으로 강조

우선 강조하고 싶은 텍스트를 다른 색상으로 수정해 볼까요? 피피티에 사용한 색상 중 하나로 포인트를 주는 것만으로 나이스한 표지를 만들 수 있습니다.

① 강조할 텍스트를 드래그해 블록 지정합니다.

② [도형 서식] – [텍스트 채우기] – [다른 채우기 색]에서 나이스한 색을 선택합니다.

여기서는 'R : 12', 'G : 171', 'B : 81'의 색을 사용했습니다.

색상 도형으로 강조

강조할 텍스트에 포인트를 주는 방법은 다양합니다. 여기서는 표지 슬라이드 아래 쪽의 영문을 다른 색상으로 강조해 볼게요.

① [삽입] – [도형] – [직사각형]을 차례대로 선택해 강조할 텍스트와 비슷한 크기로 삽입합니다.

② 삽입한 네모는 피피티에 사용한 색상에 맞춰 변경!

③ 도형을 강조한 텍스트에 맞춰 배치한 다음 마우스 오른쪽 버튼으로 클릭하고 [맨 뒤로 보내기]를 선택하세요.

텍스트 상자의 색상을 변경해도 되지만 텍스트 상자 뒤로 색상을 채운 도형을 배치하면 세밀한 조정을 할 수 있으므로 더 나이스한 강조가 가능합니다.

표지 슬라이드에 배치한 텍스트 상자 중 아래의 텍스트 상자를 포인트 색으로 강조하면 안정감 있는 표지를 완성할 수 있어요.

네모 윤곽선으로 강조

피피티 표지 배경과 텍스트를 구분해 주는 것만으로도 깔끔한 표지를 완성할 수 있습니다.

① [삽입] – [도형] – [직사각형]을 차례대로 선택해 삽입합니다.

② 네모에는 [도형 채우기 색] – [없음], [도형 윤곽선] – [흰색 1pt]을 지정해 주세요.

③ 네모와 표지의 텍스트 상자를 모두 선택한 상태에서 [홈] – [정렬] – [맞춤] – [가운데 맞춤]를 선택하여 슬라이드 가운데 배치합니다.

④ 같은 방법으로 [홈] – [정렬] – [맞춤] – [중간 맞춤]을 선택해 배치해 주세요.

텍스트 상자, 도형, 이미지 등의 개체는 Shift 를 누르고 드래그하면 수평/수직을 유지한 상태에서 개체를 배치할 수 있습니다.

선 도형으로 강조

도형 안에 텍스트를 배치하는 것이 마음에 들지 않는다면 선 도형을 활용해 보세요. 간단한 방법이지만 제목에 시선이 집중될 거예요.

① [삽입] – [도형] – [선]을 차례대로 선택해 삽입하고 두께를 적절하게 조절합니다.

② 삽입한 선을 Ctrl + Shift를 누른 상태에서 드래그하면 수평을 유지해 복사할 수 있습니다.

③ 두 개의 선을 모두 선택하고 그룹화(Ctrl + G)합니다.

④ 그룹화한 선 도형과 텍스트 상자를 모두 선택한 다음 [홈] – [정렬] – [가운데 맞춤]을 선택해 배치하면 또 다른 느낌의 깔끔한 표지 디자인 완성!

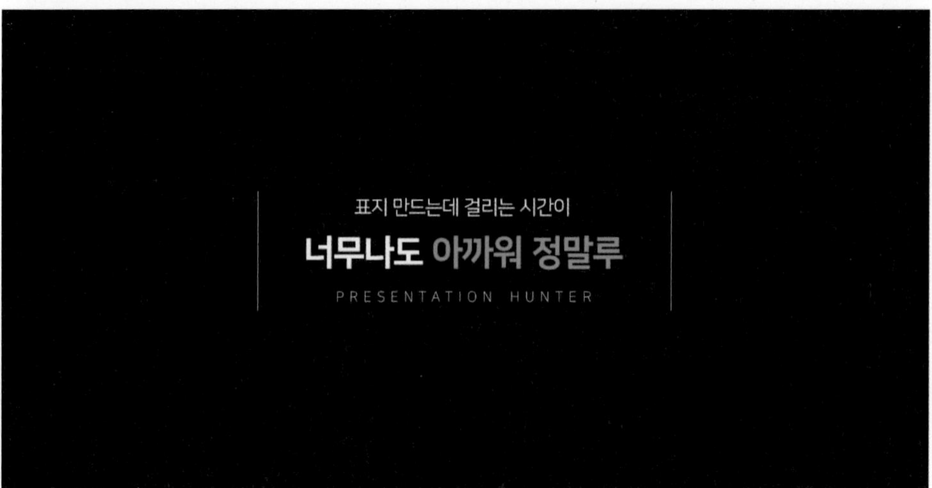

이미지를 활용한 표지 디자인 치트키

별다른 디자인 요소가 없더라도 피피티 주제와 어울리는 이미지 하나만 삽입하면 완성도 높은 피피티 표지를 완성할 수 있습니다. 피피티의 내용을 모두 확인하지 않아도 삽입한 이미지를 통해 전반적인 내용을 파악하는 데도 많은 도움이 되죠. 기본형 표지 디자인에 이미지 하나를 넣는 것만으로 주제를 나이스하게 표현할 수 있습니다.

•••

① '기본 표지 디자인 치트키'에서 완성한 표지 슬라이드에 [삽입] – [그림]을 선택해 피피티의 주제와 연관 있는 이미지를 삽입하고 슬라이드 전체 크기에 맞춰 조정해 주세요.

② [삽입] – [도형] – [직사각형]을 선택해 이미지와 같은 크기의 도형을 삽입합니다.

③ 삽입한 네모를 마우스 오른쪽 버튼으로 클릭한 다음 [도형 서식]을 선택합니다.

④ [도형 서식] – [채우기]를 선택해 네모를 [검은색]으로 채우고 [투명도]는 20% 정도로 변경합니다.

상업적으로 이용할 수 있는 무료 이미지 사이트에 대한 자세한 내용은 186쪽을 참고하세요.

이렇게 완성한 슬라이드에 제목 텍스트를 입력하면... 어머나! 벌써 완성! 표지 슬라이드에 별다른 디자인 요소 없이 주제와 관련된 이미지 하나만 삽입해도 10분 안에 깔끔한 표지를 만들 수 있답니다. 이번에는 기본 이미지 표지를 조금씩 수정해 다른 느낌의 표지를 만들어 볼게요.

• • •

① [삽입] – [도형] – [직사각형]을 선택해 도형을 삽입합니다.

② 삽입한 네모는 [도형 채우기]를 선택해 피피티에 사용한 색상으로 변경하고 슬라이드의 높이와 같게 수정합니다.

③ 네모를 선택하고 [홈] – [정렬] – [맞춤] – [가운데 정렬]을 선택하여 정렬해 주세요.

④ 네모를 제목 텍스트 뒤로 배치하면 완성!

✐ 여기서는 'R : 12', 'G : 171', 'B : 81'의 색을 사용했습니다. 직사각형을 가운데 배치한 상태에서 너비만 조정하려면 Shift를 누른 상태에서 ←, →를 누르면 됩니다.

•••

① 삽입한 이미지를 선택한 다음 [그림 서식] – [꾸밈 효과] – [흐리게]를 적용하고 초록 네모의 크기를 조절하면 제목 텍스트에 집중할 수 있는 표지를 만들 수 있습니다.

①. 직사각형의 크기와 위치, 텍스트 상자를 그림과 같이 배치하면 레이아웃이 구분된 감각적인 표지가 완성됩니다.

피피티 공략집 | 슬라이드에 감성을 더하는 방법

큰형님의 감성에 호소하는 피피티에 딱딱한 텍스트, 사진만 사용해서는 공감대를 형성하기가 어렵죠. 이런 상황에서 한 스푼, 그라데이션 감성을 추가해 큰형님의 마음을 녹일 수 있는 방법을 알려줄게요.

사진이 삽입된 상태에서 전체 슬라이드 크기의 도형을 삽입하고 [도형 서식] 메뉴로 이동합니다. [도형 옵션] – [채우기 및 선] – [채우기] – [그라데이션 채우기]에서 그림과 같이 그라데이션을 적용해 보세요.

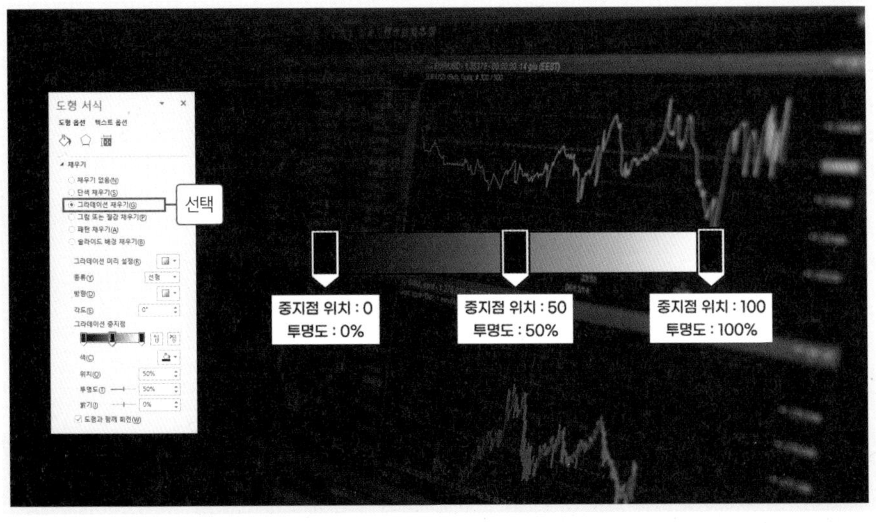

텍스트를 입력하면 완성입니다. 간단한 방법으로 감성적인 슬라이드를 완성했습니다. 이제 큰형님의 마음을 녹이러 출발!

실습

02 목차는 5분도 안 걸려요

공들여 표지를 완성했는데, 이제 목차 디자인이 고민인가요? 걱정하지 마세요. 목차는 5분도 안 걸립니다. 깔끔하고 간결한 목차 치트키! 바로 시작할게요.

목차 디자인 치트키

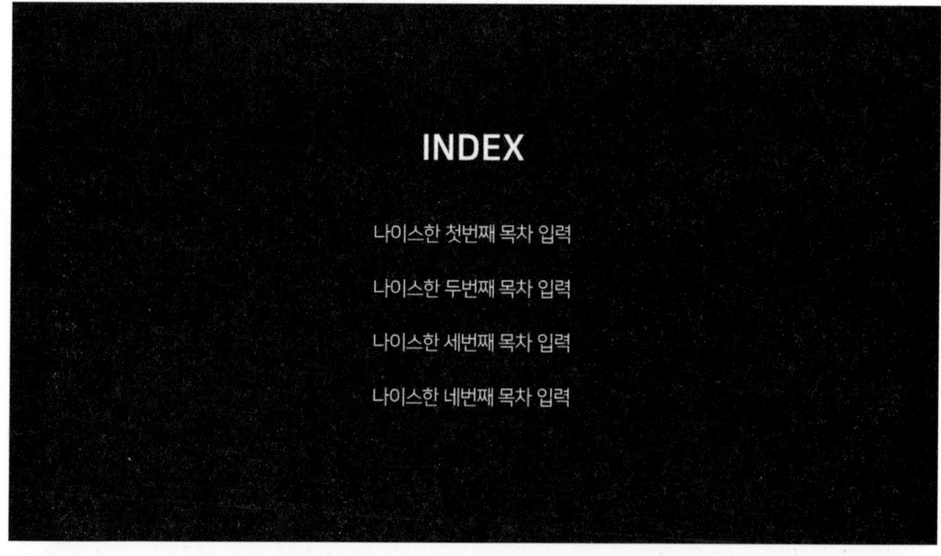

검정 배경에 흰색 텍스트로 깔끔하고 클래식한 목차를 만들어 볼게요.

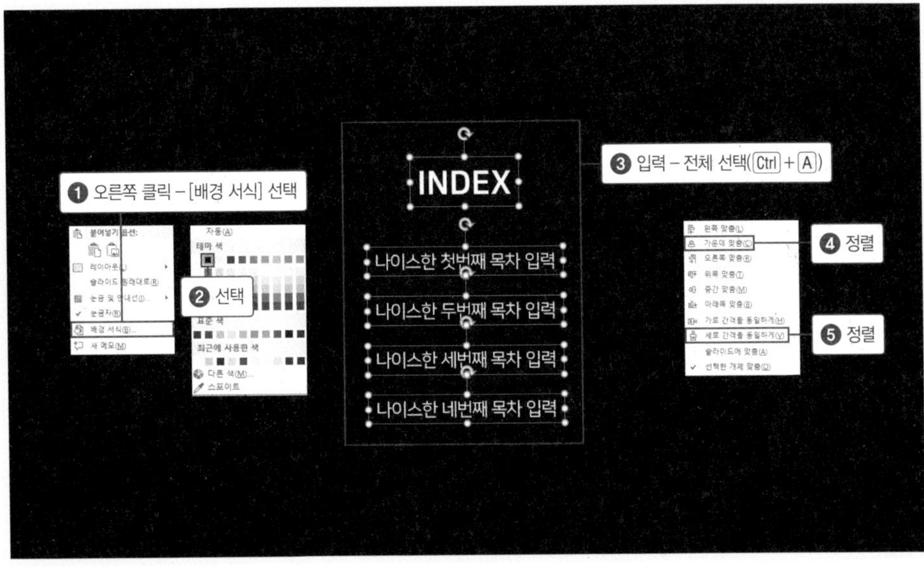

① 슬라이드의 빈 곳을 마우스 오른쪽 버튼으로 클릭한 다음 [배경 서식]을 선택합니다.
② [홈] – [채우기] – [단색 채우기] – [색]을 차례대로 클릭한 다음 [검은색]을 선택하세요.
③ 피피티 목차 텍스트를 입력합니다. 텍스트는 배경 슬라이드와 대조되는 색상이 좋아요. 여기서는 검은 배경과 대조되는 흰색으로 텍스트를 입력했습니다.
④ 텍스트 상자를 모두 선택하고 [홈] – [정렬] – [맞춤] – [가운데 맞춤]으로 정렬합니다.
⑤ 같은 방법으로 [세로 간격을 동일하게] 배치하면 목차 완성!

손 베일지도 모르는 칼각으로 도형, 텍스트 상자, 이미지 등을 나이스하게 정렬하는 방법은 25쪽을 참고하세요.

이번에도 완성한 기본형 목차 슬라이드에 조미료같이 조금씩 디자인 요소를 추가해 다른 느낌의 목차 슬라이드를 만들어 볼게요.

색상 도형으로 강조

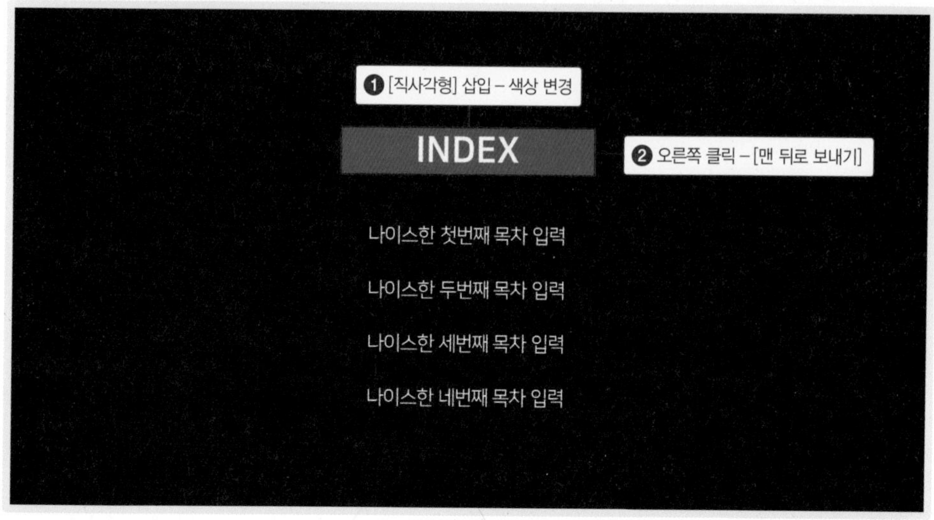

① 텍스트 상자와 같은 크기의 직사각형을 삽입한 다음 색상을 변경합니다.

② 네모를 마우스 오른쪽으로 클릭하고 [맨 뒤로 보내기]를 선택하여 텍스트 상자 뒤에 배치합니다.

너무 밋밋한 건 싫고, 포인트 색상만으론 부족한 것 같다면 간결하게 선이나 직사각형을 삽입해 보세요. '아니? 나 틴트만 발랐는데?'라고 당당하게 말할 수 있는 꾸안꾸 스타일의 목차를 완성할 수 있습니다.

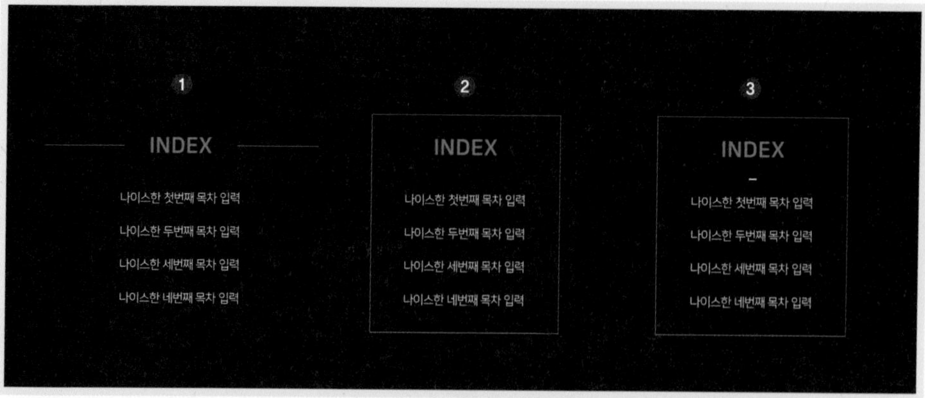

① 목차 제목 양 옆에 정렬된 선을 삽입하면 목차 슬라이드에 깔끔함을 더할 수 있습니다.

② 목차 텍스트를 강조하고 싶다면 적절한 크기의 직사각형을 배치해 보세요. 배경과 텍스트가 구분되므로 가독성이 높아집니다.

③ 목차와 소제목 사이에 선이나 네모 등의 간단한 도형을 넣어 구분해 보세요.

- 도형이 선택된 상태에서 Shift와 방향키를 누르면 도형의 중심을 유지한 채 크기를 조절할 수 있습니다.
- 정렬에 대한 자세한 내용은 25쪽을 참고하세요.
- 색상 조합에 대한 자세한 내용은 85쪽을 참고하세요

이론

03 소제목 디자인 고민하지 마세요

소제목은 슬라이드의 대략적인 내용을 파악할 수 있게 해주는 중요한 요소이지만 어떻게 디자인하면 좋을지 고민된다면 저만 믿고 따라오세요. 큰형님 입가에 미소가 번지는 소제목 디자인에 대해 알아보겠습니다.

텍스트 나열형

텍스트의 강약만 조절해도 별다른 디자인 요소 없이 소제목에 집중하게 할 수 있습니다. 우선 기본적인 텍스트 나열형 슬라이드에 적합한 소제목 디자인에 대해 알아볼까요?

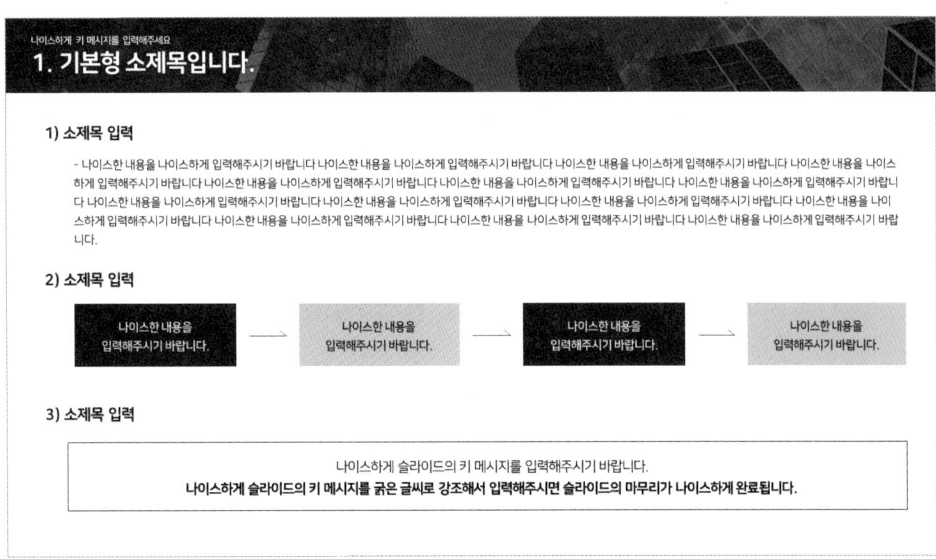

한 슬라이드에 최대한 많은 내용을 넣기 위해 각 주제에 맞게 소제목을 구분하죠? 이때 위 그림과 같이 텍스트 크기와 굵기로 소제목을 구분해 입력하면 전반적인 내용과 흐름을 이해하는 데 보조적인 역할을 합니다.

소제목과 함께 색상으로 포인트를 준 동그라미 도형을 배치하면 간단한 방법으로도 감성적인 소제목이 완성됩니다. 텍스트 크기와 굵기만으로 구분한 소제목에 감성이 한 스푼 추가됐습니다.

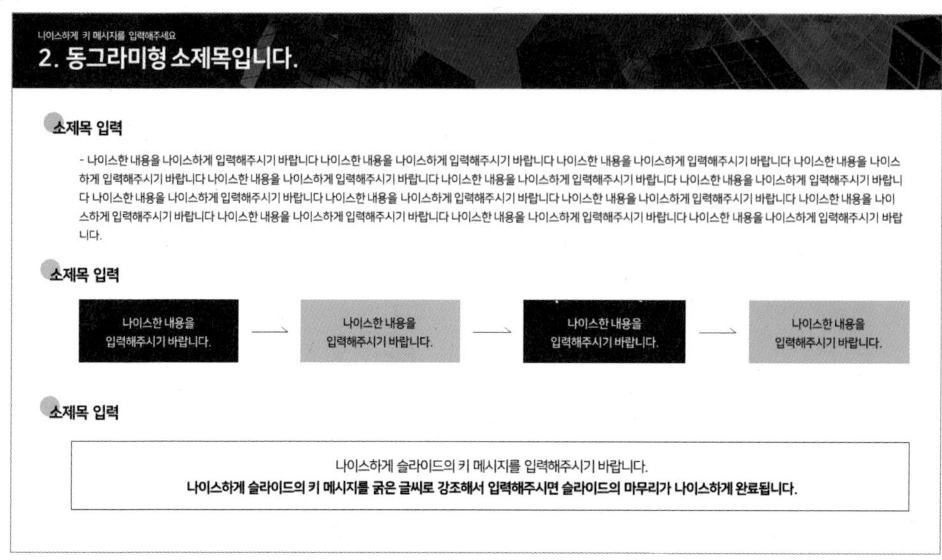

이때 소제목과 함께 배치하는 동그라미의 크기는 글씨보다 1.5배 정도 크게 만들어 주는 게 포인트! 도형의 색상 또한 피피티에 사용한 색상 중 하나를 사용해 슬라이드에 너무 많은 색상을 사용하지 않도록 주의하세요. 많은 색상을 사용할 경우 시선이 분산될 수 있습니다.

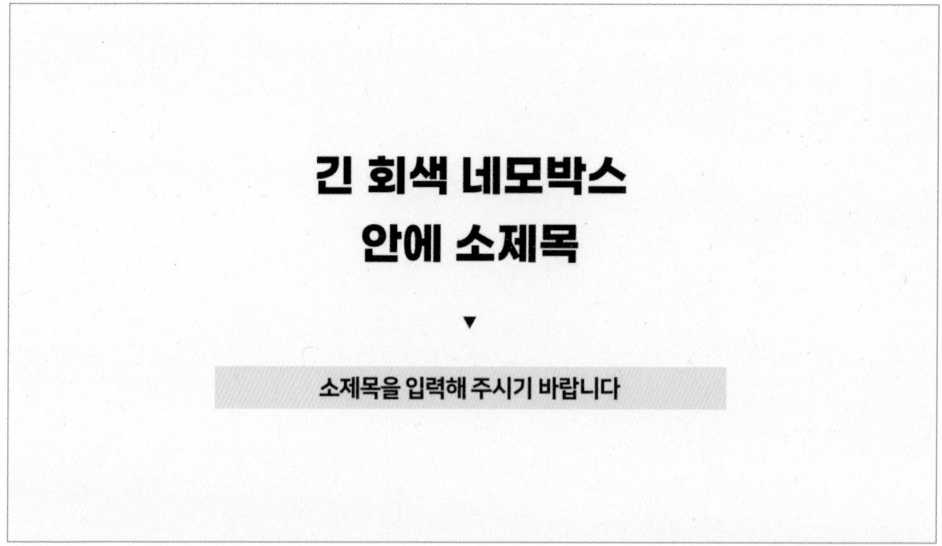

무채색 도형 안에 소제목을 넣으면 시선의 흐름을 방해하지 않는 선에서 소제목을 확실하게 구분할 수 있습니다.

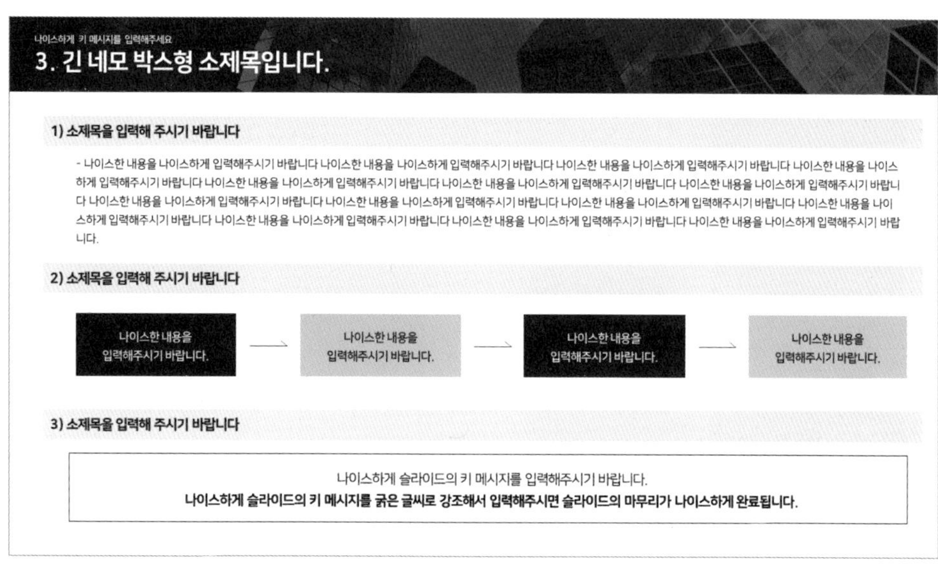

또한 소제목 텍스트 길이에 맞춰 도형을 배치하면 안정감이 떨어지므로 일정한 길이로 통일하는 것이 좋습니다.

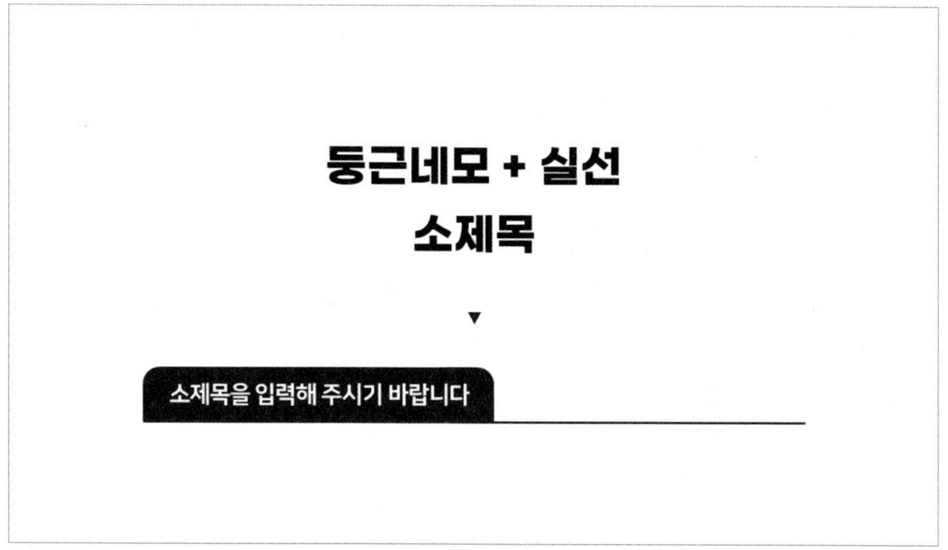

소제목 텍스트를 좀더 확실하게 구분하고 싶다면 선 도형과 사각형(둥근 위쪽 모서리) 도형을 조합해 보세요. 키워드 형식의 소제목으로 강조해야 할 때 유용합니다.

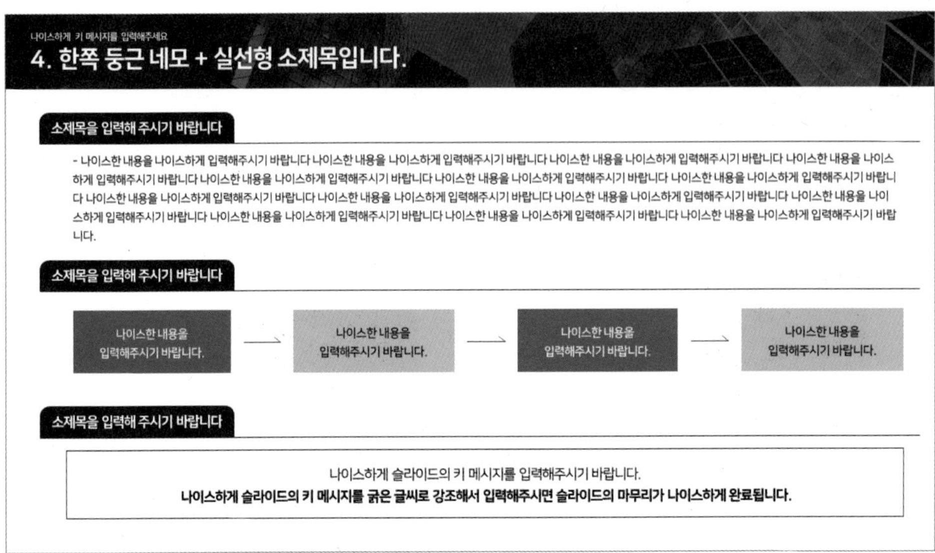

또한 소제목을 무채색 도형으로 구분한 것보다 캐주얼한 느낌을 줄 수도 있죠.

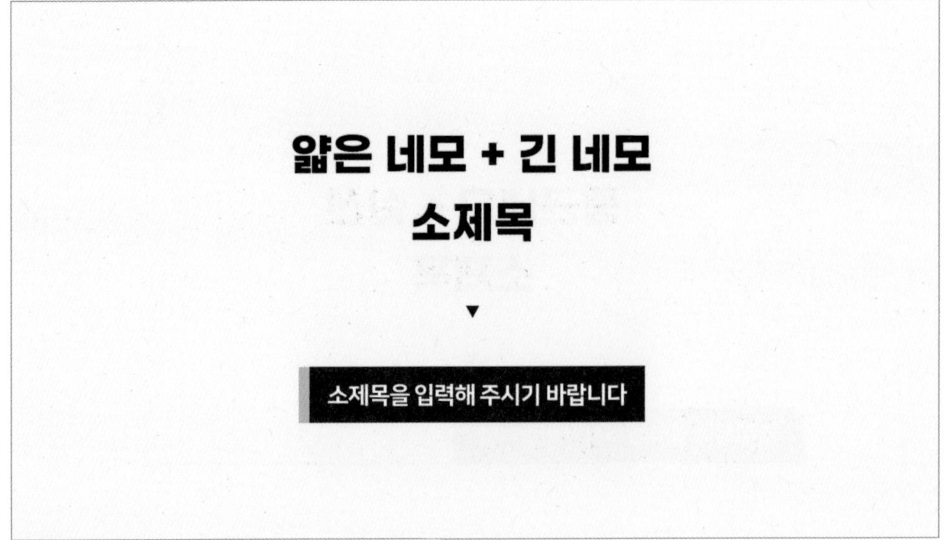

직장인 템플릿에 주로 사용한 색상 두 가지를 활용하여 강조할 수 있는 소제목 박스를 만들어 보세요.

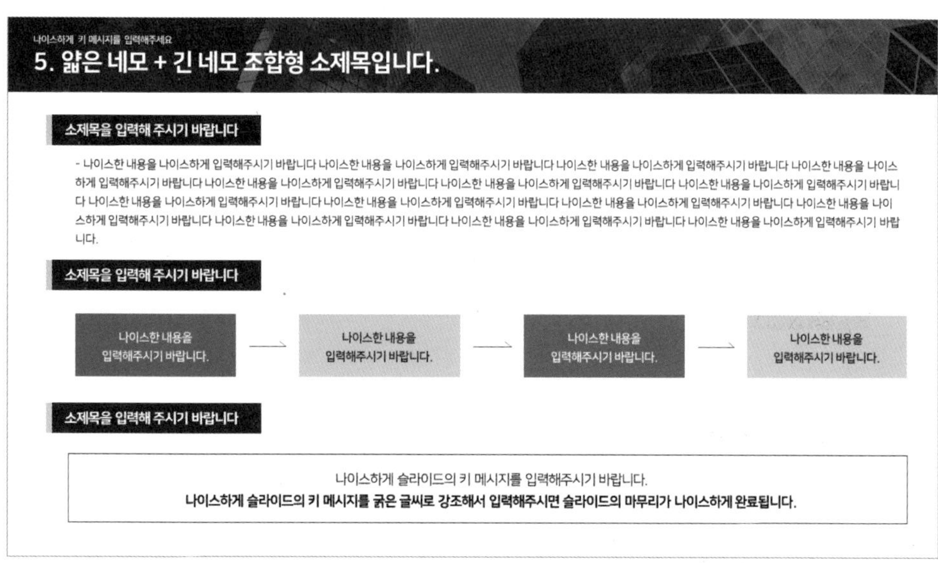

본문에서 사용하는 색깔에 대한 안내도 할 수 있고, 본문 내용을 미리 확인할 수 있는 소제목에 대한 안내까지 두 마리 토끼를 잡을 수 있습니다.

도형 + 텍스트 조합형

네모박스
소제목

▼

소제목을 입력해 주시기 바랍니다

간단하게 도형과 텍스트를 조합한 소제목 디자인으로, 소제목을 강조해야 할 때 매우 효과적인 디자인입니다.

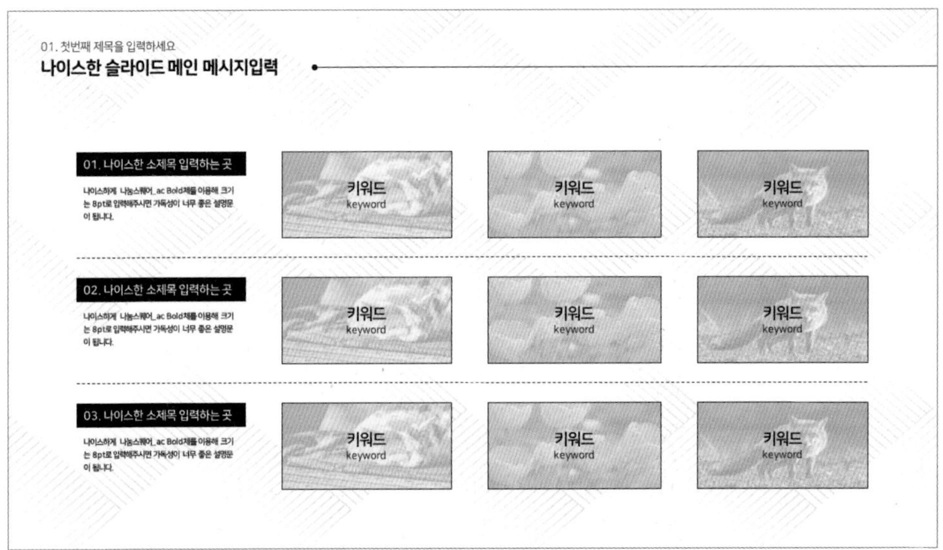

나열된 이미지를 확인하기 전 강조된 소제목에 시선이 집중되므로 각 이미지가 의미하는 바를 확실하게 이해할 수 있습니다.

작은 정사각형 + 텍스트 소제목

▼

■ 소제목을 입력해 주시기 바랍니다

소제목 텍스트와 포인트 색상의 도형을 배치하면 깔끔하게 소제목을 강조할 수 있습니다. 배경색과 대조되는 색상의 도형에 먼저 시선이 집중되므로 이미지가 지닌 내용을 파악하는 데 도움이 됩니다.

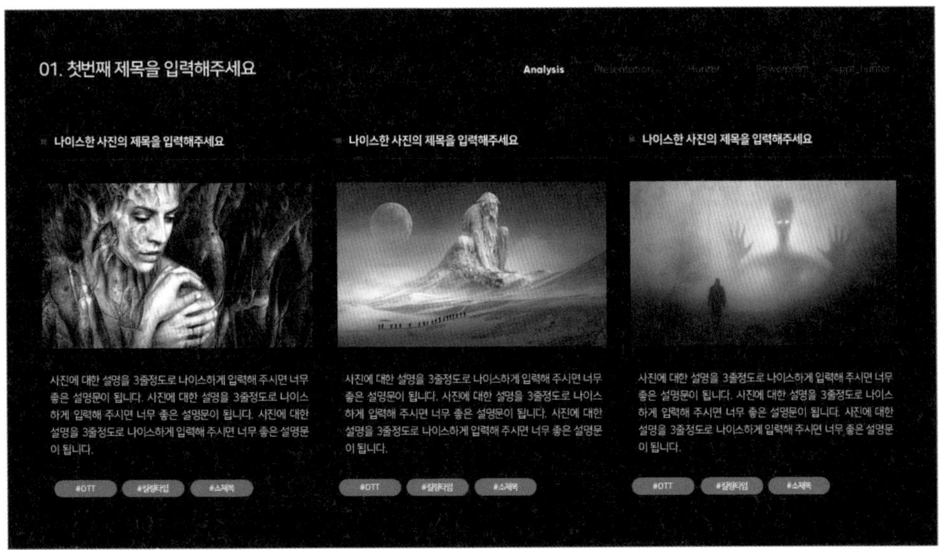

둥근네모
소제목

▼

Subtitle

소제목 입력

[사각형 : 둥근 모서리] 도형 안에 소제목 텍스트를 입력해 보세요. 귀여운 느낌의 소제목 디자인으로 활용할 수 있습니다. 이때 입력한 텍스트는 [가운데 맞춤]으로 정렬하는 거 잊지 마세요.

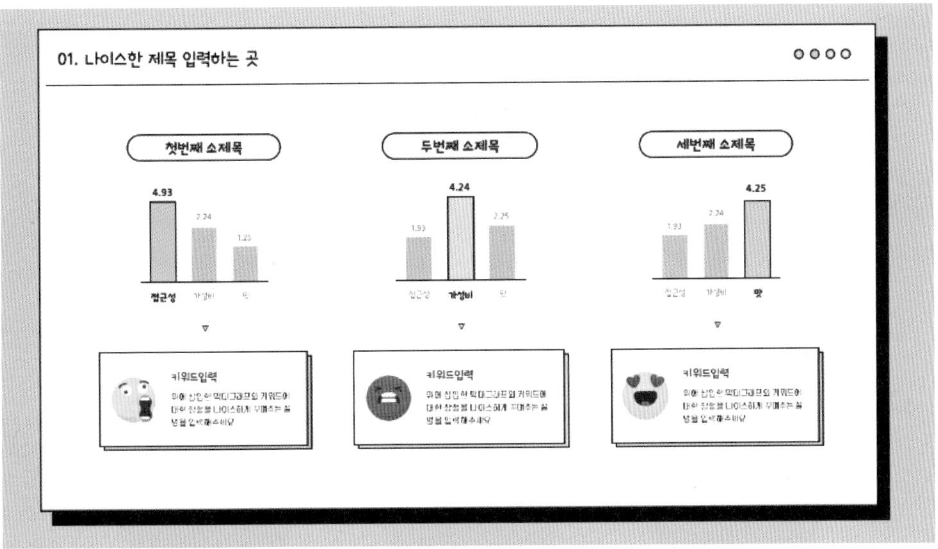

귀여운 도형을 활용한 소제목은 일상 템플릿이나 공모전 템플릿에 사용하기 좋습니다.

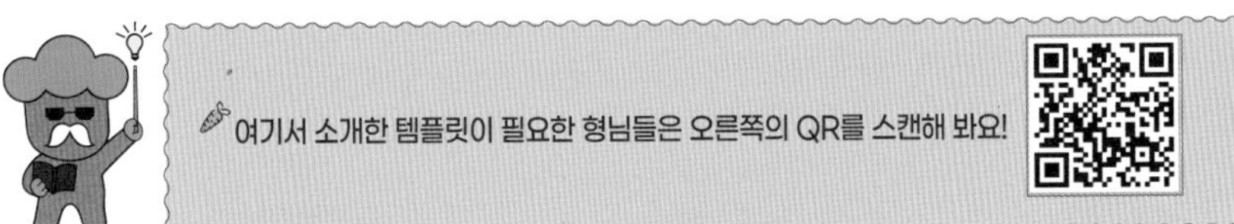

피피티 공략집 | 폰트의 크기와 굵기가 고민인 형들을 위한 치트키

피피티의 각 슬라이드에 사용하는 텍스트는 슬라이드 제목과 소제목, 본문과 키워드로 구분할 수 있습니다.

시선의 흐름을 고려해 슬라이드 제목이 가장 눈에 잘 들어와야 하므로 크고 굵은 폰트를 사용하고, 그 다음으로 소제목이나 키워드에 집중할 수 있도록 폰트의 굵기와 크기를 지정하세요. 제목의 경우 28~40pt, 소제목이나 키워드는 16~18pt, 본문의 경우 10~12pt로 크기를 지정하는 것을 추천합니다.

폰트의 굵기 역시 시선의 흐름을 고려해 슬라이드 제목 – 소제목/키워드 – 본문 순으로 지정하는 것이 포인트!

이론

04 이건 색상 조합 특급 치트키야

신뢰감 주는 피피티를 완성하고 싶다면 적절한 색상을 사용해야 합니다. 이미 모두 알고 있는 사실이지만 적절한 색상이 무엇인지 묻는다면 쉽게 대답하지 못할 거예요. 제가 '적절한 색상'에 대한 모범답안을 제시합니다. 형들은 그저 그대로 따라하기만 하면 됩니다.

검은색 배경 슬라이드

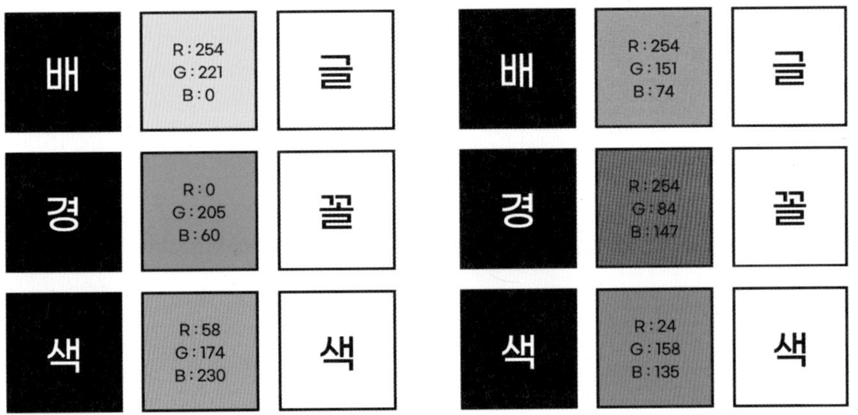

캐주얼한 피피티를 만들 때 슬라이드 배경색을 검은색으로 변경하면 시크하면서 고급스러운 이미지를 줄 수 있습니다. 이때 검은색 배경의 슬라이드와 가장 잘 어울리는 색상 조합 치트키를 소개합니다. 색상 정보는 그림의 RGB 값을 참고하세요.

검은색 배경은 특정 이미지나 키워드를 강조할 때 굉장한 효과를 발휘합니다. 여기에서 제안하는 색상을 검은색 배경에 활용하면 그 효과는 200배 Upgrade 싹가능!

검은색 배경에 대조되는 흰색 폰트를 사용하면 가독성 높은 피피티를 완성할 수 있습니다. 하지만 너무 단조로울 수 있으니 포인트로 강조하고 싶은 내용이 있다면 노란색을 선택하세요. **노란색은 꽃피는 봄이 떠오르기 때문에 큰형님에게 희망과 열정을 강조하고 싶을 때 사용합니다.**

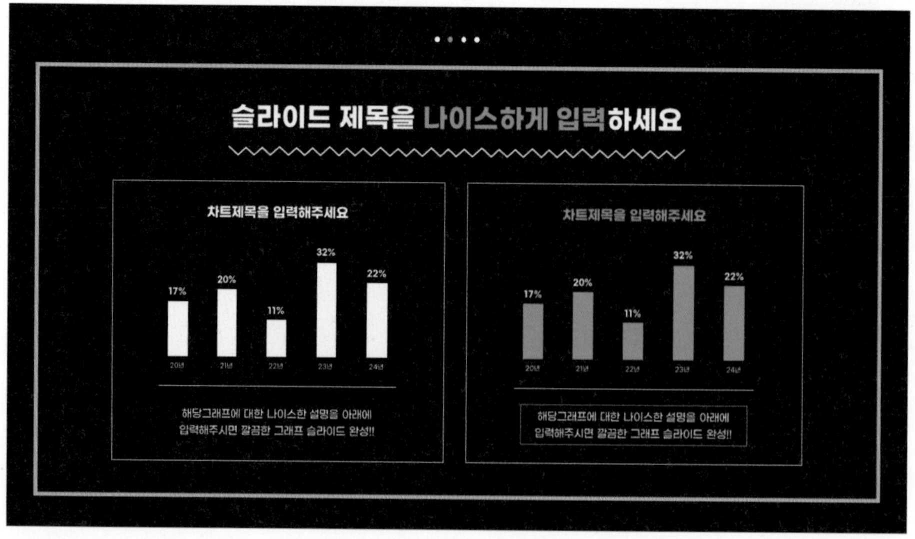

노란색이 너무 캐주얼하다면 초록색을 추천합니다. **ESG, 친환경을 좋아하는 큰형님들에게 안성맞춤인 색상입니다.**

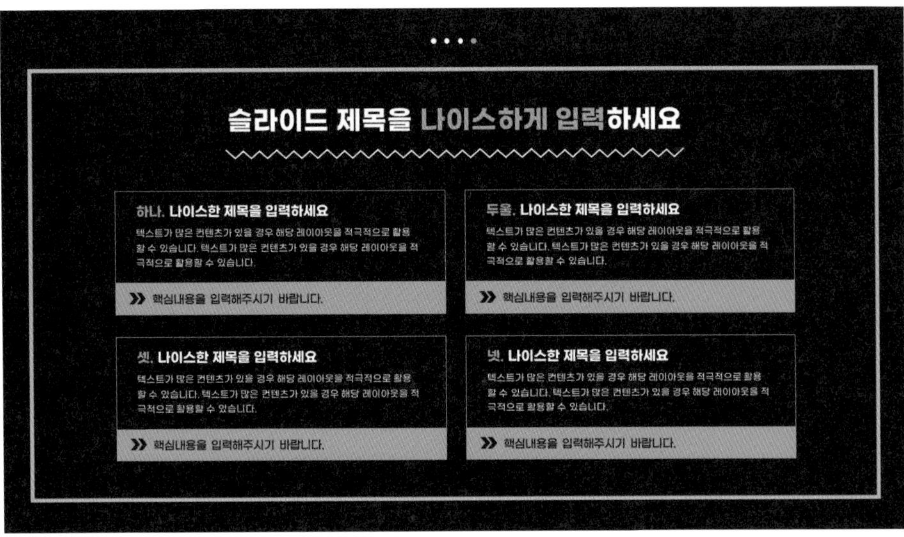

피피티에 전문성을 강조하고 싶다면 산뜻해서 다소 가벼워 보일 수 있는 초록색 대신 파란색을 사용해 보세요. **파란색은 큰형님들에게 호불호가 없는 색상으로 95점 받아 놓고 시작한다고 봐도 무방합니다.**

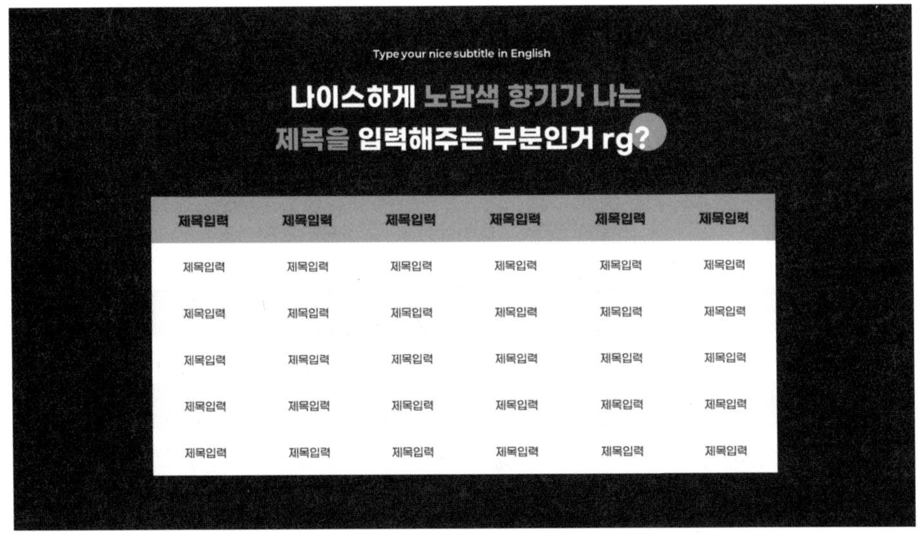

제목입력	제목입력	제목입력	제목입력	제목입력	제목입력
제목입력	제목입력	제목입력	제목입력	제목입력	제목입력
제목입력	제목입력	제목입력	제목입력	제목입력	제목입력
제목입력	제목입력	제목입력	제목입력	제목입력	제목입력
제목입력	제목입력	제목입력	제목입력	제목입력	제목입력
제목입력	제목입력	제목입력	제목입력	제목입력	제목입력

자칫 지루해 보일 수 있는 우리 형들의 **피피티에 상큼함을 한 스푼 첨가하고 싶다면 나이스한 오렌지색을 포인트로 사용해 보세요.**

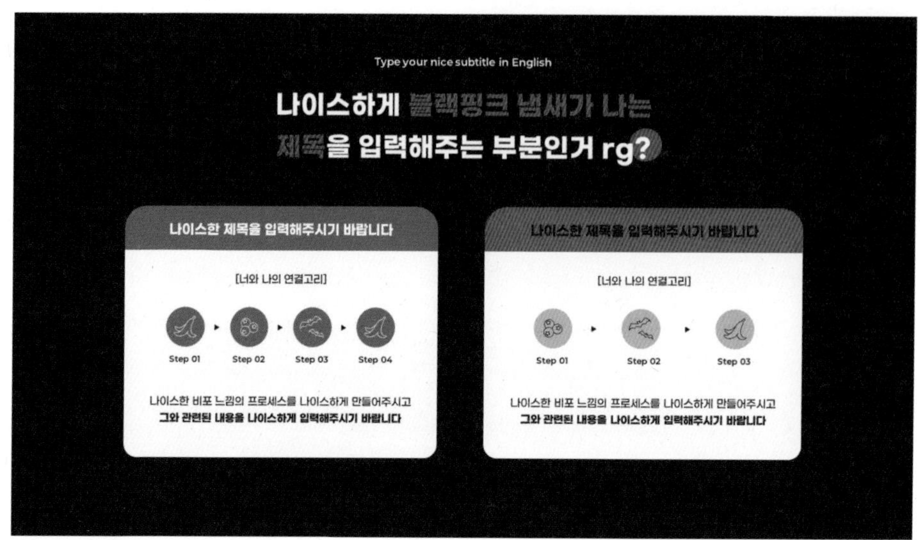

핑크는 호불호가 없는 대중적인 색상이기도 하죠. 여성이나 뷰티 제품의 피피티에 최적의 색상입니다.

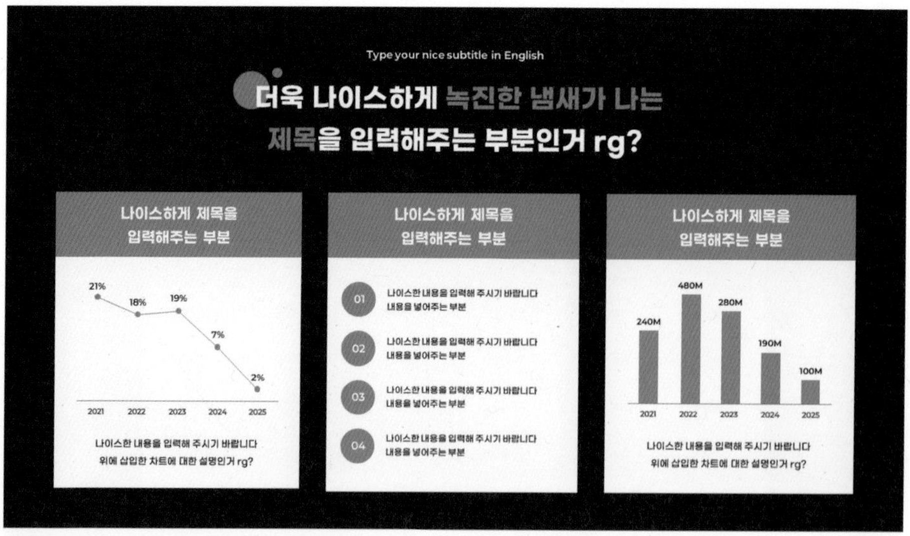

진중한 청록색! 묵직함과 전문성을 전달해야 하는 피피티에 청록색을 사용하면 큰 효과를 볼 수 있을 거예요.

흰색 배경 슬라이드

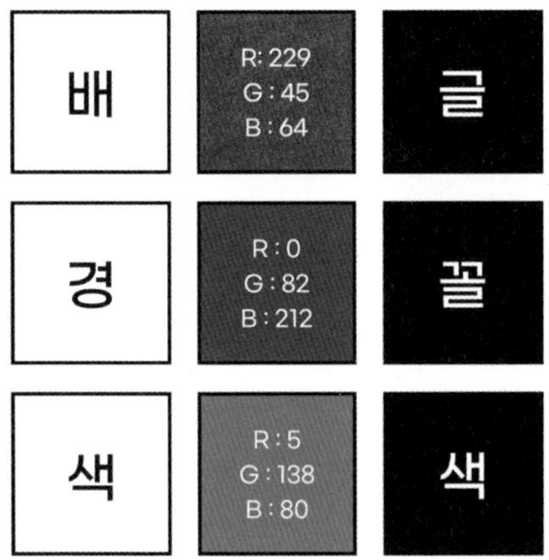

흰색 배경의 슬라이드는 직장인 형들의 필수 색상이죠. 직장에서 일하는 우리 형들을 위해 흰색 배경에 어울리는 3가지 색 조합 치트키를 소개합니다. 강조할 부분만 포인트 색상으로 사용한다면 큰형님에게 1 따봉, 1 칭찬, 1 사랑을 받을 수 있는 부분인 거 RG?

흰색 배경을 사용할 경우 가독성을 높이기 위해 대조되는 검은색을 기본 폰트 색상으로 사용하고 포인트로 빨간색을 사용해 보세요.

MARKET ANALYSIS

눈에 최대한 안거슬리는 빨강은 나이스하게 레쓰고바리하면 우리 큰형님을 비롯한 꼰상사 형님들이 칭찬을 나이스하게 하는 부분

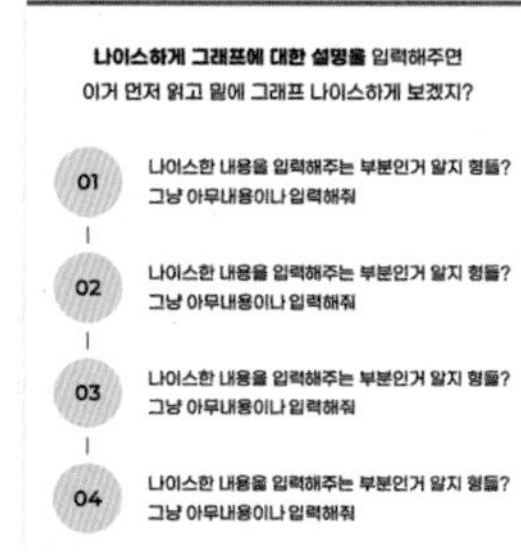

Graph Legend PPT HUNTER

PAGE 01

큰형님이 눈살 찌푸리는 새빨간 색상이 아닌 상큼한 빨간색을 사용한다면 큰형님 마음에 다시 열정이 불타오를지 몰라요.

MARKET ANALYSIS

근본 그 잡채 승리의 파랑은 나이스하게 레쓰고바리하면 우리 큰형님을 비롯한 꼰상사 형님들이 칭찬을 나이스하게 하는 부분

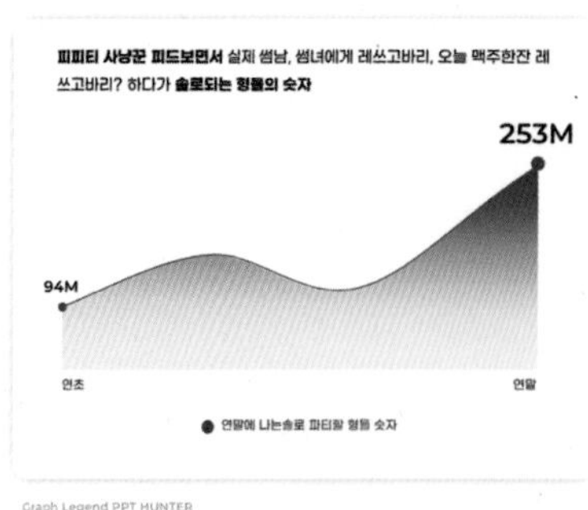

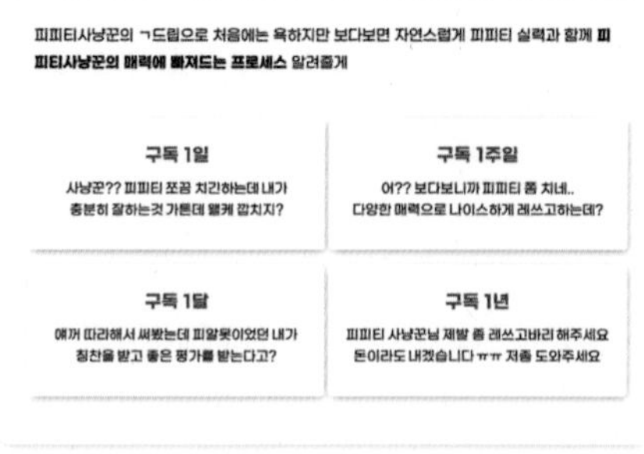

Graph Legend PPT HUNTER

PAGE 01

강조색으로 파란색을 사용하면 전문성이 느껴지는 피피티를 완성할 수 있습니다.

Portfolio 02

본인의 대표적인 이력사항에 대한 첨부사진을 우측에 삽입하
고 여기에는 본인의 퍼포먼스에 대한 내용을 삽입하세요

01. 중심내용

- 내용을 입력해주시기 바랍니다.
- 내용을 입력해주시기 바랍니다.
- 내용을 입력해주시기 바랍니다.

02. 중심내용

핵심키워드

핵심키워드

핵심키워드

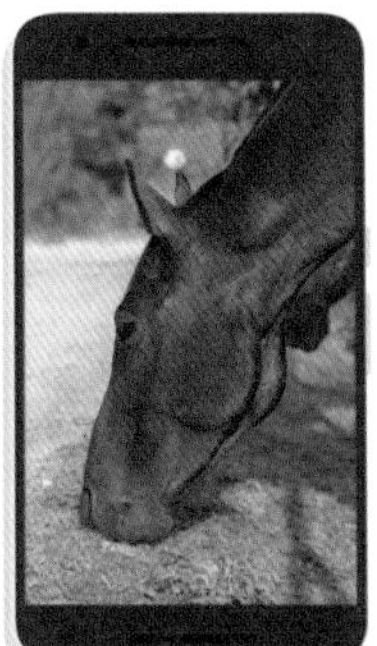

피피티의 주제, 콘셉트와 상관없이 답은 이미 파란색으로 정해져 있는 거 RG?

Daily Life

01. 일상의 나를 보여주세요

일상에서 본인이 즐기고 있는 사진을 삽입해주시고 그에 대한 설명을 나이스하게 입력해주시면 되겠습니다.

02. 일상의 나를 보여주세요

일상에서 본인이 즐기고 있는 사진을 삽입해주시고 그에 대한 설명을 나이스하게 입력해주시면 되겠습니다.

03. 일상의 나를 보여주세요

일상에서 본인이 즐기고 있는 사진을 삽입해주시고 그에 대한 설명을 나이스하게 입력해주시면 되겠습니다.

감성적인 초록색은 특히, 친환경이나 기업의 비재무적 요소인 '환경(Environment)', '사회(Social)', 지배구조(Governance)'를 뜻하는 'ESG' 관련 피피티에 찰떡입니다.

MARKET ANALYSIS

친환경st & ESG 어쩌구st 승리의 녹색은 나이스하게 레쓰고바리하면 우리 큰형님을 비롯한 꼰상사 형님들이 칭찬을 나이스하게 하는 부분

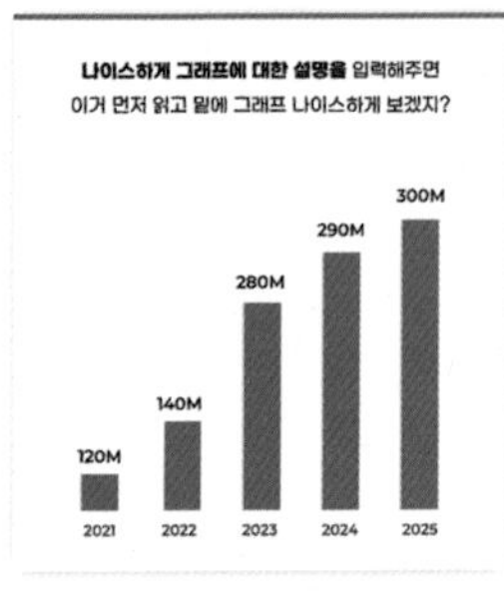

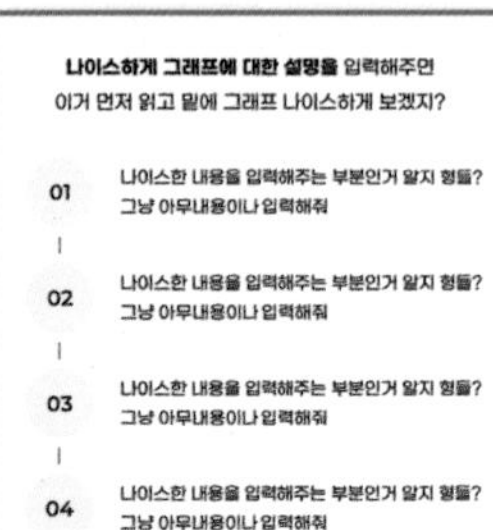

Graph Legend PPT HUNTER

PAGE 01

초록색으로 피피티에 포인트를 주면 큰형님에게 2 따봉, 1 칭찬, 1 성과급 노려볼 수 있을 거예요.

이론

05 꿀 떨어지는 사진 + 텍스트 레이아웃 치트키

피피티에서 때로는 수백 마디 말보다 하나의 사진이 훨씬 효과적인 경우가 많죠? 하지만 그 사진을 도대체 어떻게 넣었을 때 가장 효과적인지 고민이라면 꿀 떨어지는 사진+텍스트 레이아웃 치트키를 알려줄게요.

사진만 1장

사진만 삽입하는 경우를 크게 세 가지로 구분해 각 유형에 맞는 최적의 레이아웃을 알려줄게요.

슬라이드에 사진만 넣을 경우 기본적인 좋은 형태는 슬라이드 가운데에 사진을 배치하는 것입니다. 당연하지만 다른 내용이 없으니 사진에 시선이 꽂힐 수밖에 없죠.

애매한 사진 크기가 마음에 들지 않는다면 슬라이드 전체 크기에 맞춰 삽입해 보세요. 애매한 사이즈로 삽입하는 것보다 확실하게 몸쪽 꽉 찬 직구 공격을 하는 게 훨씬 효과적입니다.

사진만 2장

사진만 2장 삽입해야 한다면 어떻게 해야 할까요? 아직까지는 쉽습니다. 사진만 2장 삽입해야 하는 경우에도 슬라이드 가운데에 나란히 배치하는 것이 가장 효과적입니다.

가로 비율이 긴 사진이라면 사진을 세로로 배치하면 됩니다. 참 쉽죠?

사진을 모두 선택한 다음 그룹화(Ctrl + G)하면 간편하게 사진을 슬라이드 가운데에 정렬할 수 있습니다. 정렬에 대한 자세한 내용은 25쪽을 참고하세요.

사진만 3장

사진만 3장 넣을 때도 깊게 고민할 필요 없어요. 사진 3장을 슬라이드 가운데에 같은 간격으로 나란히 배치하는 것이 가장 기본적이고 또 깔끔한 레이아웃입니다.

사진을 꼭 같은 크기로 삽입하지 않아도 된다면 그림과 같이 배치해 보세요. 이때도 시선의 흐름을 고려하여 중요한 사진을 가장 큰 크기로 조절해 왼쪽에 배치하고, 나머지 사진을 오른쪽에 배치하면 안정감 있는 레이아웃을 완성할 수 있습니다. 각 사진의 여백은 동일하게 유지해야 하는 거 RG?

사진 + 짧은 텍스트

사진과 함께 짧은 텍스트를 삽입하는 경우에도 사진을 슬라이드 가운데에 삽입하고 위에서 아래로, 왼쪽에서 오른쪽으로 흐르는 시선을 고려해 사진 아래 텍스트를 입력하면 깔끔한 표현이 가능합니다.

사진을 슬라이드 크기에 맞춰 삽입했다면 슬라이드 가운데에 직사각형 도형을 삽입하고 투명도를 조절한 다음, 도형 위에 텍스트를 입력하면 사진과 텍스트를 모두 강조할 수 있습니다.

나이스한 외국 스트릿에 위치한 테이블에 앉아
에그 베네딕트 한사바리와 아이스 아메리카노 한 잔

나이스한 외국 스트릿에 위치한 테이블에 앉아
에그 베네딕트 한사바리와 아이스 아메리카노 한 잔

사진 2개와 각각의 사진을 설명하는 짧은 텍스트를 입력해야 한다면, 사진 바로 아래 텍스트를 입력하고 [가운데 맞춤]으로 정렬하면 가독성을 높일 수 있습니다.

자 떠나자 이탈리아에

피자 먹으러

나이스한 외국 스트릿에 위치한 테이블에 앉아 에그 베네딕트 한사바리와 아이스 아메리카노 한 잔

만약 삽입한 사진 두 개를 함께 설명하는 짧은 텍스트를 입력해야 한다면 사진의 크기를 적절하게 조절하여 왼쪽에 배치하고 오른쪽에 제목과 본문을 구분해 텍스트를 입력해 보세요. 사진과 텍스트를 조화롭게 배치할 수 있습니다.

슬라이드 안의 여백이 많거나 애매할 경우 사진과 텍스트 상자를 [개체 아래쪽 맞춤]으로 정렬하세요. 여백이 어색해 보이지 않도록 눈속임을 할 수 있답니다.

그림과 같이 슬라이드 가운데에 정사각형 도형과 사진을 정렬하여 배치하면, 사진과 짧은 텍스트를 균형감 있게 배치할 수 있습니다. 이때 중요한 것은 사진을 왼쪽 위, 오른쪽 아래와 같이 배치해 대조를 이뤄 안정감을 표현하는 것입니다.

3개의 사진을 각각 설명할 짧은 텍스트를 입력해야 한다면, 각 사진 아래쪽에 가운데 정렬로 텍스트를 삽입해 주세요.

사진의 크기 때문에 따로 텍스트를 삽입할 공간이 부족한 경우에는 사진 아래 투명도를 조절한 직사각형 도형을 배치하고, 도형 위에 배경색과 대조되는 색상으로 텍스트를 입력해 보세요.

사진 + 긴 텍스트

사진과 함께 삽입할 텍스트가 많다면 공간이 부족할 수 있으니, 사진을 슬라이드 크기에 맞춰

삽입하세요. 그리고 슬라이드 아래쪽에 반투명 직사각형 도형을 삽입한 다음 도형과 대조되는 색상으로 텍스트를 입력하면 사진과 텍스트를 효과적으로 배치할 수 있습니다.

그렇다면 찐막으로 피자만 먹고 빼자

다이어트를 다짐한 첫날부터 쫄쫄 굶은 상태로 퇴근했는데 하필이면 월급이 입금되어 있지 뭐야? 기분도 안 좋은데 폭식이나 해볼까? 맙소사! 알고리즘이 피자먹방으로 나를 이끌어주고 있는걸 보면 오늘 피자먹방은 운명인가 보다. 본격적인 다이어트 돌입하기 전에 마지막 나에게 주는 보상으로 나이스하게 피자 1+1으로다가 한 번 먹고 찐 다이어트 레쓰고바리 해야겠다.

사진을 크게 삽입할 필요가 없다면 시선의 흐름을 고려해 왼쪽에 적절한 크기로 삽입하고 오른쪽에 텍스트를 배치하면 됩니다. 이때 텍스트는 제목과 본문에 강약이 구분되도록 입력해 보세요.

나이스한 외국 스트릿에 위치한 테이블에 앉아 에그 베네딕트 한사바리와 아이스 아메리카노 한 잔. 나이스한 외국 스트릿에 위치한 테이블에 앉아 에그 베네딕트 한사바리와 아이스 아메리카노 한 잔. 나이스한 외국 스트릿에 위치한 테이블에 앉아 에그 베네딕트 한사바리와 아이스 아메리카노 한 잔.

나이스한 외국 스트릿에 위치한 테이블에 앉아 에그 베네딕트 한사바리와 아이스 아메리카노 한 잔. 나이스한 외국 스트릿에 위치한 테이블에 앉아 에그 베네딕트 한사바리와 아이스 아메리카노 한 잔. 나이스한 외국 스트릿에 위치한 테이블에 앉아 에그 베네딕트 한사바리와 아이스 아메리카노 한 잔.

2개의 사진과 긴 텍스트를 입력해야 한다면 슬라이드 크기에 맞춰 사진 2개를 나란히 삽입하고 사진 아래쪽에 텍스트를 [양쪽 맞춤]으로 정렬하면 가장 무난한 레이아웃을 구성할 수 있습니다.

자 떠나자 이탈리아에

피자 먹으러

나이스한 외국 스트릿에 위치한 테이블에 앉아 에그 베네딕트 한사바리와 아이스 아메리카노 한 잔. 나이스한 외국 스트릿에 위치한 테이블에 앉아 에그 베네딕트 한사바리와 아이스 아메리카노 한 잔. 나이스한 외국 스트릿에 위치한 테이블에 앉아 에그 베네딕트 한사바리와 아이스 아메리카노 한 잔.

각 사진을 설명하는 텍스트가 아니라면 시선의 흐름을 고려해 사진을 먼저 배치하고 제목과 본문으로 구분한 텍스트를 배치해 보세요.

자 떠나자 이탈리아에

피자 먹으러

나이스한 외국 스트릿에 위치한 테이블에 앉아 에그 베네딕트 한사바리와 아이스 아메리카노 한 잔. 나이스한 외국 스트릿에 위치한 테이블에 앉아 에그 베네딕트 한사바리와 아이스 아메리카노 한 잔. 나이스한 외국 스트릿에 위치한 테이블에 앉아 에그 베네딕트 한사바리와 아이스 아메리카노 한 잔.

텍스트를 보조하기 위해 사진을 삽입했다면 어떻게 해야 할까요? 아주 간단합니다. 텍스트를 먼저 배치하면 되죠.

제목을 나이스하게 입력해 주세요

—

마음이 울적하고 깝깝할 땐 야경과 함께 물멍을 즐길 수 있는 밤바다가 세상 제일 나이스한 거 아니겠습니까? 마음이 울적하고 깝깝할 땐 야경과 함께 물멍을 즐길 수 있는 밤바다가 세상 제일 나이스한 거 아니겠습니까? 마음이 울적하고 깝깝할 땐 야경과 함께 물멍을 즐길 수 있는 밤바다가 세상 제일 나이스한 거 아니겠습니까?

제목을 나이스하게 입력해 주세요

—

마음이 울적하고 깝깝할 땐 야경과 함께 물멍을 즐길 수 있는 밤바다가 세상 제일 나이스한 거 아니겠습니까? 마음이 울적하고 깝깝할 땐 야경과 함께 물멍을 즐길 수 있는 밤바다가 세상 제일 나이스한 거 아니겠습니까? 마음이 울적하고 깝깝할 땐 야경과 함께 물멍을 즐길 수 있는 밤바다가 세상 제일 나이스한 거 아니겠습니까?

제목을 나이스하게 입력해 주세요

—

마음이 울적하고 깝깝할 땐 야경과 함께 물멍을 즐길 수 있는 밤바다가 세상 제일 나이스한 거 아니겠습니까? 마음이 울적하고 깝깝할 땐 야경과 함께 물멍을 즐길 수 있는 밤바다가 세상 제일 나이스한 거 아니겠습니까? 마음이 울적하고 깝깝할 땐 야경과 함께 물멍을 즐길 수 있는 밤바다가 세상 제일 나이스한 거 아니겠습니까?

사진도 많고 텍스트의 분량도 많다면 슬라이드의 집중도가 떨어집니다. 하지만 텍스트를 제목과 본문으로 입력하면 가독성을 한층 더 업그레이드시킬 수 있습니다.

나이스한 제목을

입력해주시기 바랍니다.

—

마음이 울적하고 깝깝할 땐 야경과 함께 물멍을 즐길 수 있는 밤바다가 세상 제일 나이스한 거 아니겠습니까? 마음이 울적하고 깝깝할 땐 야경과 함께 물멍을 즐길 수 있는 밤바다가 세상 제일 나이스한 거 아니겠습니까? 마음이 울적하고 깝깝할 땐 야경과 함께 물멍을 즐길 수 있는 밤바다가 세상 제일 나이스한 거 아니겠습니까?

사진 3개의 크기를 줄여 슬라이드 왼쪽에 배치하고 남은 공간에 제목과 본문을 구분한 텍스트를 배치하면, 사진과 텍스트가 찰떡으로 어울리는 안정적인 레이아웃을 완성할 수 있습니다.

나이스한 제목을

입력해주시기 바랍니다.

마음이 울적하고 갑갑할 땐 야경과 함께 물멍을 즐길 수 있는 밤바다가 세상 제일 나이스한 거 아니겠습니까? 마음이 울적하고 갑갑할 땐 야경과 함께 물멍을 즐길 수 있는 밤바다가 세상 제일 나이스한 거 아니겠습니까? 마음이 울적하고 갑갑할 땐 야경과 함께 물멍을 즐길 수 있는 밤바다가 세상 제일 나이스한 거 아니겠습니까?

사진보다 텍스트를 강조하고 싶다면 텍스트를 왼쪽에 배치하세요.

텍스트가 사진보다 세로로 길게 배치됐다면 우선 텍스트를 정리해 보세요. 만약 버릴 게 하나 없는 명문장이라면 폰트 크기와 자간을 조절해 사진의 세로 높이에 맞춰 보세요.

이론

06

가독성, 우주 끝까지 끌어올리는 방법

피피티 초보자 형님들! 가독성만 높아도 큰형님에게 극찬받을 수 있습니다. 다른 잔재주가 부족하더라도 기본에만 충실하면 된다는 걸 보여줄게요. 정말 쉽습니다! 이 책에서 가독성 높이는 방법만 얻어 가도 본전 챙기는 거예요.

가독성!

퀄리티 = **가독성** = 정성

피피티의 퀄리티는 가독성이 결정합니다. 그래서 가독성을 높이기 위해서는 정성을 쏟아부어야 하죠. 예뻐보이기만 하면 무슨 소용인가요? 가독성이 높아야 피피티에 대한 신뢰도가 수직 상승합니다. 자, 이제 파워포인트를 실행하세요. 가독성을 우주 끝까지 끌어올리는 방법을 알려줄게요.

텍스트 **윤곽선 투명도 100%**

텍스트 **줄 간격 1.1 ~ 1.3배**

텍스트 **자간 좁게**

윤곽선 투명도 100%, 줄 간격 1.1~1.3배, 자간 좁게! 가독성 높이는 기본 공식입니다. 그냥 외우세요. 이 세 가지만 기억해두면 됩니다.

텍스트 윤곽선 투명도

윤곽선 투명도 0%	윤곽선 투명도 100%
윤곽선 투명도 0%	윤곽선 투명도 100%
윤곽선 투명도 0%	윤곽선 투명도 100%
윤곽선 투명도 0%	윤곽선 투명도 100%
윤곽선 투명도 0%	윤곽선 투명도 100%
윤곽선 투명도 0%	윤곽선 투명도 100%

텍스트의 윤곽선 투명도는 항상 100%로 지정하세요. 차이가 느껴지죠? 텍스트가 눈에 확! 들어옵니다. 윤곽선에 투명도를 적용한 텍스트는 피피티의 모든 내용이 섹시해 보이는 효과를 줍니다.

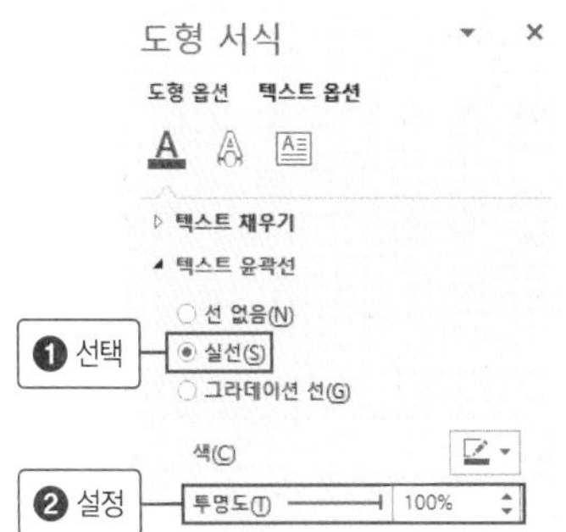

윤곽선 투명도 100%
윤곽선 투명도 100%
윤곽선 투명도 100%
윤곽선 투명도 100%
윤곽선 투명도 100%
윤곽선 투명도 100%

•••

① 텍스트를 블록 지정한 다음 마우스 오른쪽 버튼으로 클릭하고 [도형 서식] – [텍스트 윤곽선] – [실선]을 선택합니다.

② [투명도]를 100%로 지정하면 끝!

텍스트 줄 간격

기본 줄 간격
기본 줄 간격
기본 줄 간격
기본 줄 간격
기본 줄 간격
기본 줄 간격

줄 간격 1.1 ~ 1.3배
줄 간격 1.1 ~ 1.3배
줄 간격 1.1 ~ 1.3배
줄 간격 1.1 ~ 1.3배
줄 간격 1.1 ~ 1.3배
줄 간격 1.1 ~ 1.3배

빡빡하게 입력된 텍스트보다 여유롭게 입력된 텍스트가 보기 좋죠. 무엇보다 빡빡하게 입력된 텍스트가 가독성을 떨어트리고 답답한 느낌을 줍니다. 줄 간격을 따로 지정하지 않으면 파워포인트의 기본 설정에 맞춰 텍스트가 입력됩니다. 별거 아닌 것 같지만 한 줄 이상 입력된 텍스트의 가독성을 떨어트리는 주범이 바로 줄 간격입니다.

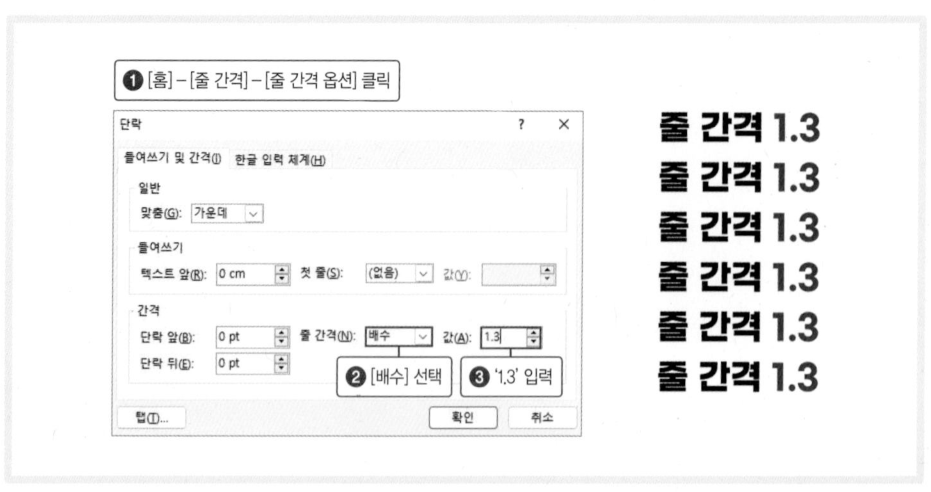

① 텍스트 상자를 선택한 상태에서 [홈] – [줄 간격] – [줄 간격 옵션]을 차례대로 선택합니다.

② '줄 간격' 항목에서 [배수]를 선택합니다.

③ [값]에 '1.3'을 입력하면 끝!

제가 추천하는 줄 간격 값은 '1.3'이지만 텍스트 크기에 맞춰 '1.1~1.3' 정도로 값을 조금씩 변경해 보세요.

자간

이것은 기본자간 입니다	이것은 자간 좁게 입니다
이것은 기본자간 입니다	이것은 자간 좁게 입니다
이것은 기본자간 입니다	이것은 자간 좁게 입니다
이것은 기본자간 입니다	이것은 자간 좁게 입니다
이것은 기본자간 입니다	이것은 자간 좁게 입니다
이것은 기본자간 입니다	이것은 자간 좁게 입니다

자간(텍스트 간격)이 넓으면 내용이 한눈에 들어오지 않습니다. 자간은 글자와 글자 사이의 간격을 의미합니다. 줄 간격과는 달리 자간이 좁은 것이 가독성을 높이는 데 도움이 됩니다.

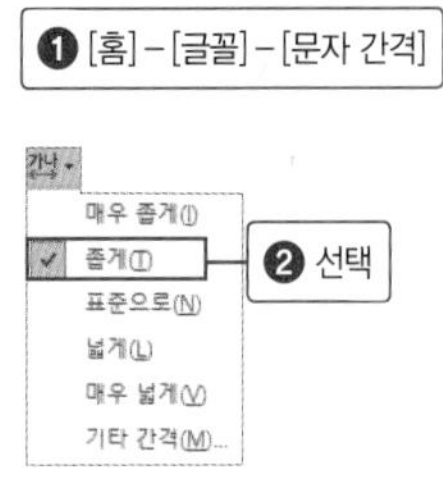

이것은 자간 좁게 입니다
이것은 자간 좁게 입니다
이것은 자간 좁게 입니다
이것은 자간 좁게 입니다
이것은 자간 좁게 입니다
이것은 자간 좁게 입니다

•••

① 텍스트 상자를 선택한 다음 [홈] – [글꼴] – [문자 간격]을 차례대로 선택하면 자간을 조절할 수 있습니다.

② [문자 간격] 옵션 중 [좁게]를 선택하고 텍스트 상자를 확인하세요!

윤곽선 투명도 0%
기본 줄 간격 적용
기본 자간 적용 텍스트

윤곽선 투명도 100%
줄 간격 1.3배수 적용
자간을 좁게 설정한 텍스트

윤곽선 투명도 100%, 줄 간격 1.1~1.3배, 자간 좁게! 가독성 상승 공식! 암기했나요? 그림에서도 차이가 확실하게 느껴지죠? 여기에 추천하는 폰트까지 사용한다면? 이거는 도저히 참을 수가 없지!

추천 폰트에 대한 자세한 내용은 20쪽을 참고하세요.

이론

07 초등학생도 이해할 수 있는 피피티 기획법

'피피티를 어떻게 시작하면 좋을까요?' 우리 형들에게 제일 많이 듣는 질문 중 하나입니다. 슬라이드 디자인을 시작하기 전부터 막막한 형들이 있다면 여기에서 제안하는 기획법을 따라 피피티를 시작해 보세요. 기승전결의 스토리가 있는 피피티 기획법! 바로 시작하겠습니다.

10단계로 슬라이드 구성하기

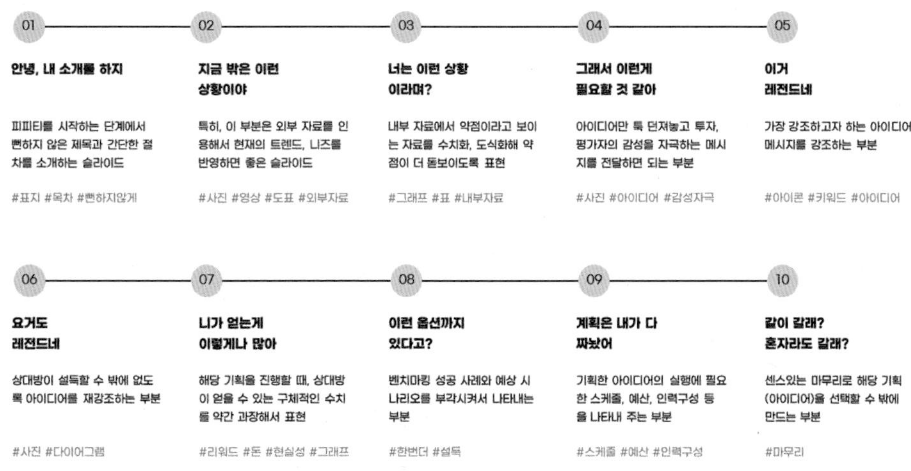

집중하세요. 피가 되고 살이 되고 뼈가 되는 슬라이드 구성의 10단계입니다. 시작도 안 했는데 10단계라니 너무 많은 것 같나요? 하지만 하나씩 뜯어보면 고개가 저절로 끄덕일 것입니다.

1단계 : 안녕, 내 소개를 하지

01 안녕, 내 소개를 하지

표지 (자료의 주제 파악)	목차 (자료의 흐름 파악)

우선 피피티의 얼굴이라고 할 수 있는 표지와 목차부터 시작합니다. 표지는 전체 피피티의 주제를 한 번에 파악하는 데 도움을 줍니다.

임팩트 있는 첫 인상으로 끝까지 피피티에 집중할 수 있도록 심혈을 기울여야 합니다. 또한 전체 피피티의 흐름을 파악할 수 있도록 목차까지 나이스하게 구성해 보세요.

2단계 : 지금 밖은 이런 상황이야

02 지금 밖은 이런 상황이야

사진/영상
(텍스트보다는 시각 자료)

그래프
(주제관련 통계 자료)

이제 본격적으로 피피티를 시작하는 단계입니다. 현재 외부 상황이나 트렌드에 대한 소개로 피피티의 주요 주제를 인지하는 단계이기도 하죠.

두서없이 화두를 던지는 것보다 신뢰할 수 있는 단체나 기관 등의 시각 자료를 제시해 보세요. 사진이나 영상을 활용해 정성적인 표현을 하고, 차트를 활용해 정량적인 수치를 표현해 보세요.

3단계 : 너는 이런 상황이라며?

03 너는 이런 상황 이라며?

표 (내부 자료를 활용한 수치)	그래프 (내부 자료를 활용한 수치)

외부의 상황을 파악했으니 내부 상황을 확인할 차례입니다. 앞 단계와 같이 내부의 시각 자료나 통계 자료를 적극적으로 활용해 보세요.

TABLE TITLE

피피티사냥꾼의 자기소개 중
형님들에게 어필할 만한
내용을 입력해주시기 바랍니다.

해시태그 # 도전정신

내용입력	내용입력	내용입력
내용입력	내용입력	내용입력
내용입력	내용입력	내용입력
내용입력	내용입력	내용입력
내용입력	내용입력	내용입력
내용입력	내용입력	내용입력
내용입력	내용입력	내용입력

외부와 내부의 비교를 통해 문제점을 인지할 수 있도록 구성하면 더할 나위 없이 좋습니다. 이 단계에서는 현재의 문제점을 인지할 수 있도록 표현하는 것이 중요합니다.

4단계 : 그래서 이런 게 필요할 것 같아

04 그래서 이런게 필요할 것 같아

아이디어
(기획 자료에서의 핵심 내용)

사진
(직관적 인식 가능한 시각자료)

가장 중요한 기획 방향이나 아이디어를 제시하는 단계입니다. 앞 단계는 이 순간을 위해 빌드업에 불과했던 것이죠. 빌드업이 완료됐으니 형님들의 아이디어에 집중할 수밖에 없겠죠?

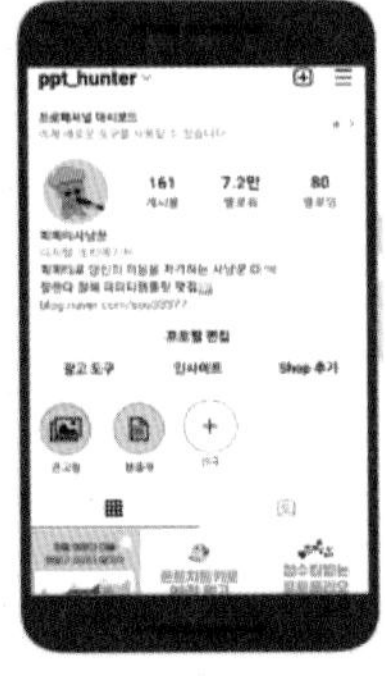

4단계에서는 피피티의 핵심 주제가 잘 드러날 수 있도록 직관적인 이미지나 앞서 설명한 상황과 새로 제시하는 아이디어가 부각될 수 있는 자료를 활용하면 더욱 효과적입니다.

05 이거 레전드네

키워드 (아이디어의 세부 사항)	아이콘 (직관적 인식 가능한 시각자료)

이제 제시할 기획 방향이나 아이디어에 대한 세부 설명을 할 차례입니다. 형님들의 아이디어가 빛날 수 있도록 세부 사항을 키워드나 아이콘을 활용해 강조한다면 더욱 효과적입니다.

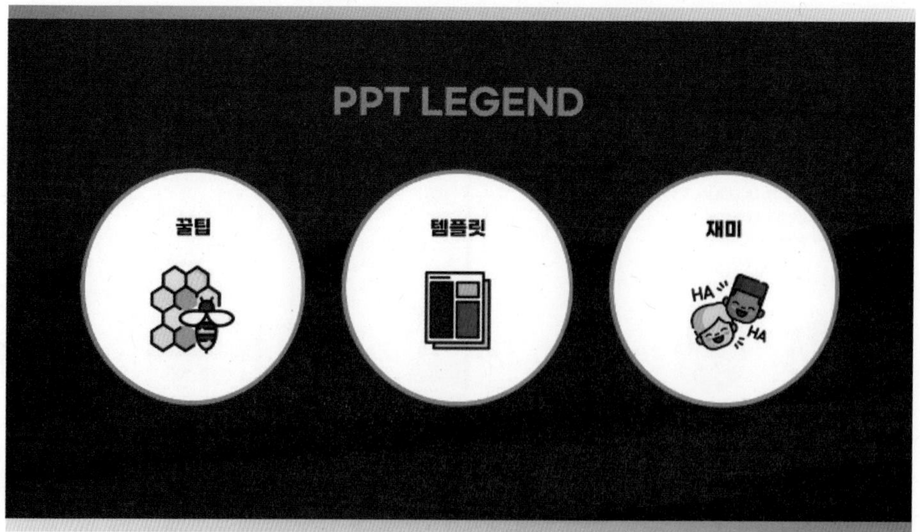

설득의 단계이므로 세부 사항을 일목요연하고 현실성 있게 구성하는 것이 포인트입니다.

6단계 : 요것도 레전드네

06 요거도 레전드네

사진
(아이디어 재강조)

다이어그램
(아이디어 재강조)

5단계에 이어 세부 사항을 강조하는 단계입니다. 열 번 찍어 안 넘어가는 나무 없고, 때린 데 또 때리는 게 더 아픈 법이죠.

이때에는 앞서 사용하지 않은 이미지나 다이어그램 등 다양한 도구와 수단을 활용하는 것이 좋습니다.

7단계 : 네가 얻는 게 이렇게나 많아

07 **니가 얻는게 이렇게나 많아**

그래프

(실행 시, 예상가능한 수치)

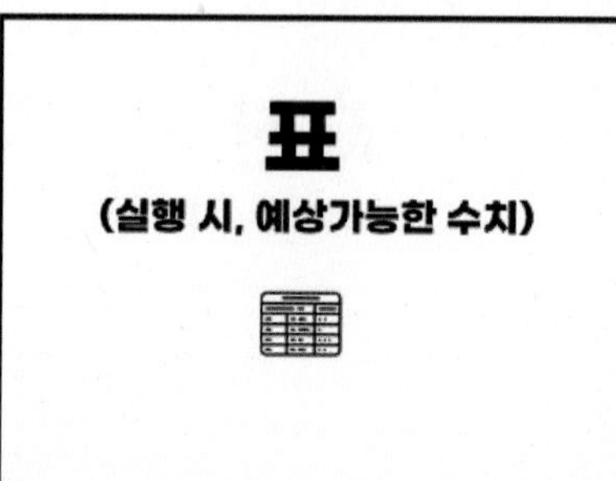

우리 형들의 아이디어를 실행했을 때 무엇을 얻을 수 있는지 제시할 차례입니다. 표나 차트 등의 통계 자료를 활용해 얻을 수 있는 것이 무엇인지 구체적으로 제시하세요.

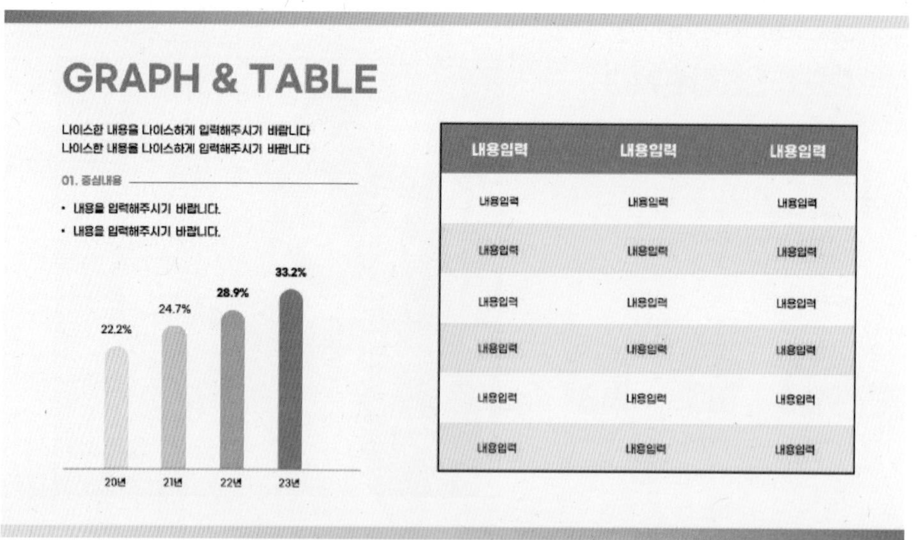

이 단계에서 결정권자의 질문을 유도하는 것도 좋은 방법입니다. 거부할 수 없는 제안으로 프로젝트의 실행 여부를 결정할 수 있게 구성해 보세요.

8단계 : 이런 옵션까지 있다고?

08 이런 옵션까지 있다고?

그래프
(향후 신규로 얻게 될 수치)

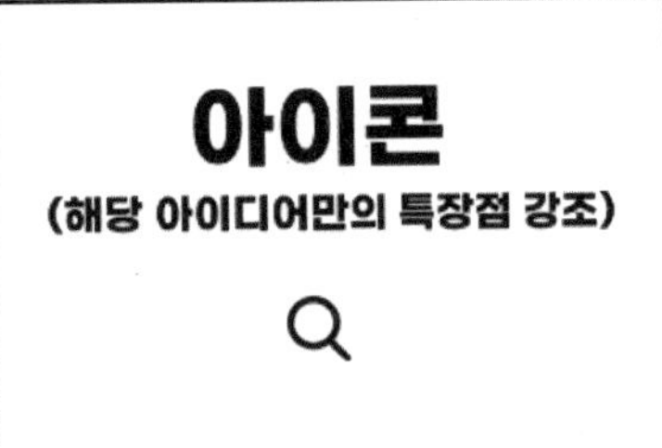

영화에서 주요 장면을 다양한 각도로 보여주고 느리게 보여주는 데는 다 그만한 이유가 있습니다. 이렇게 준비했는데도 결정하지 못한 큰형님을 위한 단계이기도 하죠.

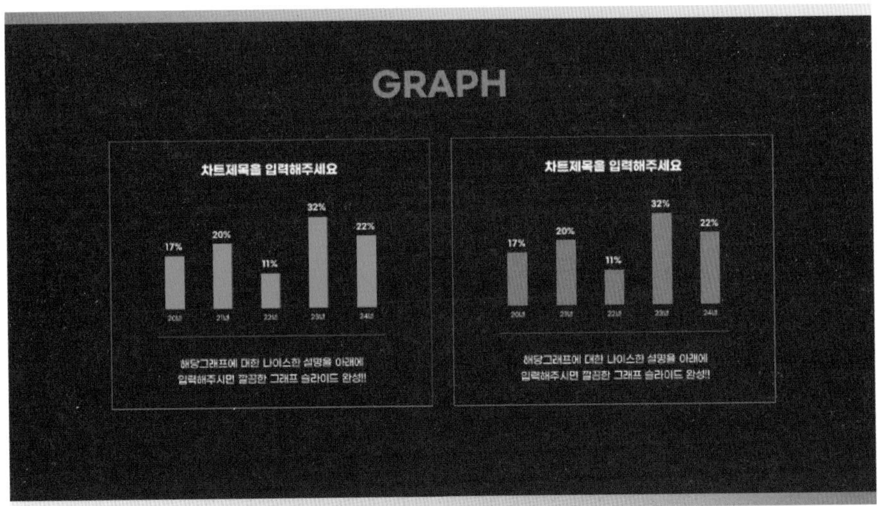

이렇게 얻을 수 있는 게 많은데 아직도 고민하다니… 아래 차트나 표를 더 제시해 봅시다. 얻을 수 있는 내용을 한 번 더 강조한다면 지루한 피피티가 눈부시게 밝은 미래의 청사진으로 보일 수밖에 없겠죠? 이때 역시 구체적인 통계 자료나 특장점을 강조할 수 있는 아이콘을 적극적으로 활용해 보세요.

9단계 : 계획은 내가 다 짜놨어

09 계획은 내가 다 짜놨어

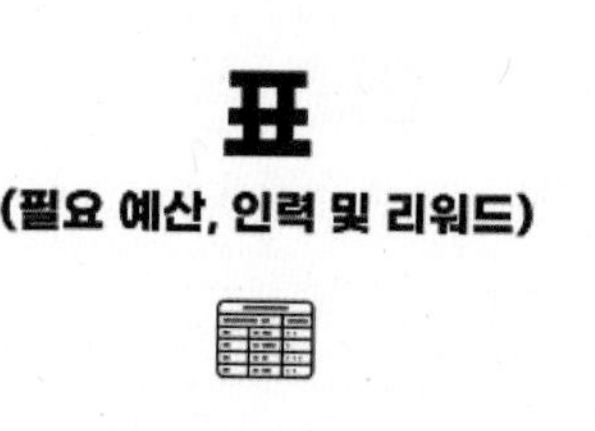

구체적인 예산이나 일정을 제시하는 단계입니다.

Schedule

구분	1일차	2일차	3일차
09 ~ 12시	출발	휴식	휴식
12 ~ 15시		해수욕	체크 아웃
15 ~ 18시			공항 도착
18 ~ 21시	저녁 식사 (OOO식당)	제주 흑돼지 고사리 삼겹 두루치기 정식	복귀
21 ~ 24시	수영 및 개인시간	수영 및 개인시간	
24시 ~	취침	수영 및 개인시간	

피피티에서 제안하는 내용의 실현 가능성이 전달된다면 큰형님 입가에 미소가 번질 것입니다. 이 단계에서는 구체적인 계획을 한눈에 파악할 수 있도록 구성하는 것이 가장 중요합니다.

10단계 : 같이 갈래? 혼자라도 할래?

⑩ 같이 갈래? 혼자라도 할래?

메세지

(진정성 + 재치있는 멘트)

마무리 단계입니다.

나는 언제나
피피티사냥중

Contact

010 - 3333 - 4444
ppt_hunter@presentation.com

핵심 메시지를 강렬하게 전달해 보세요. 진정성 있는 한 마디나 재치 있는 멘트로 피피티의 내용을 곱씹을 수 있게 큰형님의 심장을 저격해 보세요.

- 이거면 평생 차트 고민 끝 1 - 막대 차트
- 이거면 평생 차트 고민 끝 2 - 원형 차트
- 이거면 평생 차트 고민 끝 3 - 꺾은선 차트
- 내손내만 표 디자인
- SNS 광고에서 많이 본 그림자 텍스트 만들기
- 조회수 100만 싹가능한 유튜브 썸네일 만들기
- 나만의 시그니처 로고 만들기

003

고퀄 피피티를 위한 디자인 꿀팁

같은 내용의 피피티라도 좀더 예쁜 피피티에 시선이 집중되는 것은 당연한 일이죠. 큰형님이 인정할 수밖에 없는 피피티 디자인 꿀팁을 알려줄게요. 차트, 표는 물론 유튜브 썸네일부터 나만의 시그니처 로고까지 나이스하게 준비했습니다.

실습

01 이거면 평생 차트 고민 끝 1 - 막대 차트

차트는 발표 자료의 설득력을 높이는 데 많은 도움이 됩니다. 다양한 차트 중 가장 많이 활용하는 막대 차트를 나이스하게 만드는 방법! 레쓰고합니다.

기본형 막대 차트

① [삽입] – [도형] – [사각형 : 둥근 위쪽 모서리]를 삽입합니다.

② 삽입한 둥근 네모를 복사해 그림과 같이 나란히 배치해 주세요.

Ctrl + Shift를 누른 상태에서 도형을 드래그하면 수평선상에 복사할 수 있습니다.

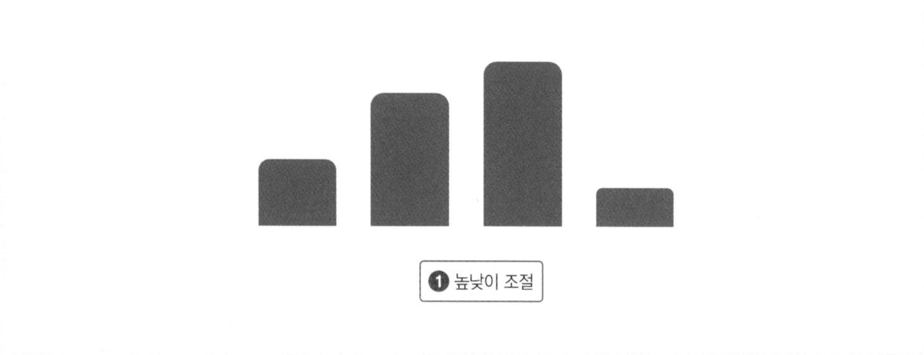

① 배치한 도형은 차트의 수치에 맞춰 높낮이를 조절합니다.

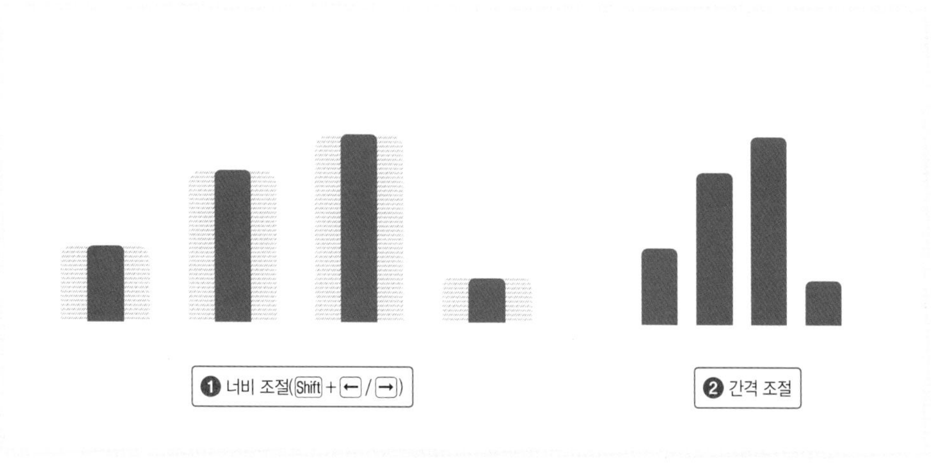

① 도형의 중심을 유지한 상태에서 너비를 조절하면 나이스한 막대 차트를 만들 수 있습니다.

② 너비를 조절해 여백이 많이 생긴다면 도형의 간격도 적당하게 조절해 주세요.

- 도형이 선택된 상태에서 Shift + ← / →를 누르면 중심을 유지한 채 너비만 조절할 수 있습니다.
- 도형과 도형 사이의 간격은 도형의 너비 0.5배 정도가 적절해요.

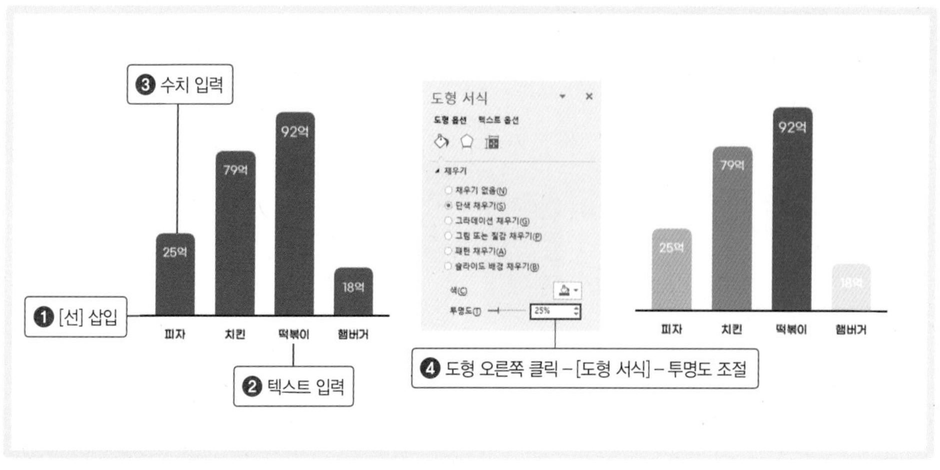

① [삽입] – [도형] – [선]을 삽입하면 차트의 X축을 표현할 수 있습니다.

② 삽입한 선 아래에 텍스트를 입력해 주세요.

③ 막대를 선택하고 텍스트를 입력하면 수치를 표현할 수 있습니다.

④ 막대를 마우스 오른쪽 버튼으로 클릭한 다음 [도형 서식]의 [도형 옵션] – [채우기]를 차례대로 선택하여 [투명도]를 조절하면 수치를 명확하게 구분해 강조할 수 있습니다.

각 도형의 투명도를 0%, 25%, 50%, 75%와 같이 25%씩 조절하면 입체감이 전해지는 차트를 만들 수 있습니다.

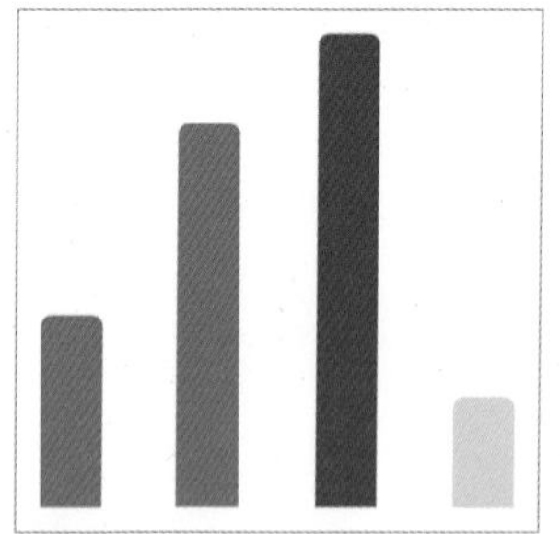
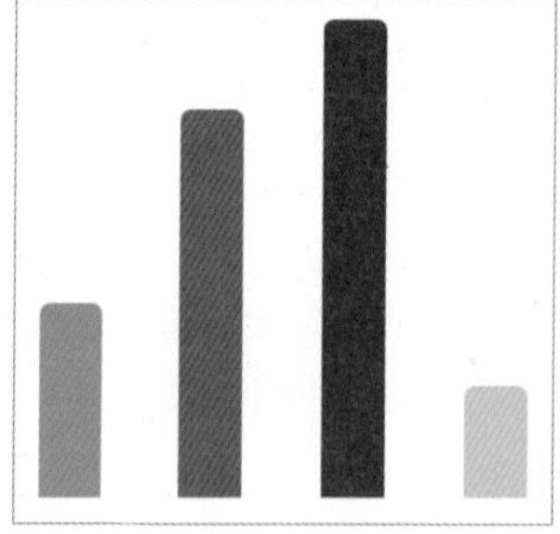
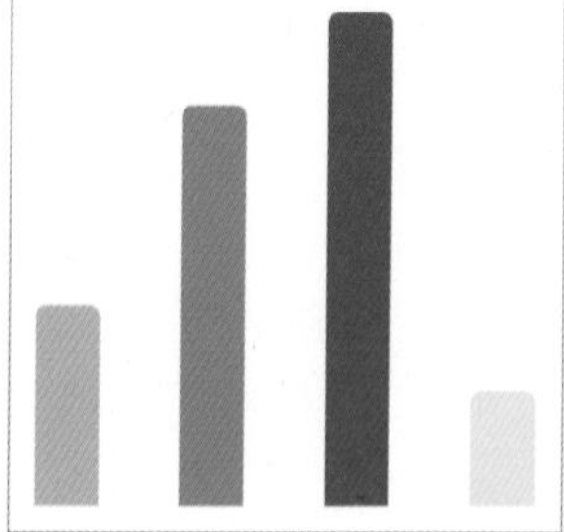

같은 방법으로 강조색의 투명도를 조절하면 입체감이 느껴지는 막대 차트를 만들 수 있습니다.

비교 막대 차트

이번에는 난이도를 좀 더 높여 기본 막대 차트를 활용한 비교 차트를 만들어 볼까요? 기본 막대 차트를 완성했다면 비교 차트도 쉽게 만들 수 있습니다.

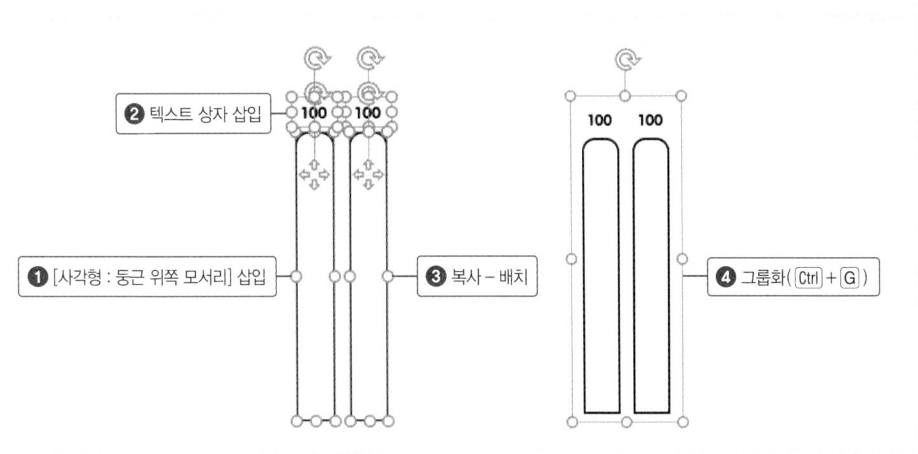

① [삽입] – [도형] – [사각형 : 둥근 위쪽 모서리]를 차례대로 선택해 도형을 삽입합니다.

② 삽입한 둥근 네모 위에 텍스트 상자를 삽입하고 수치 입력!

③ 완성한 ②의 도형과 텍스트 상자를 복사한 다음 나란히 배치합니다.

④ 나란히 배치한 도형과 텍스트 상자를 모두 선택한 다음 Ctrl + G를 눌러 그룹화 해줘요.

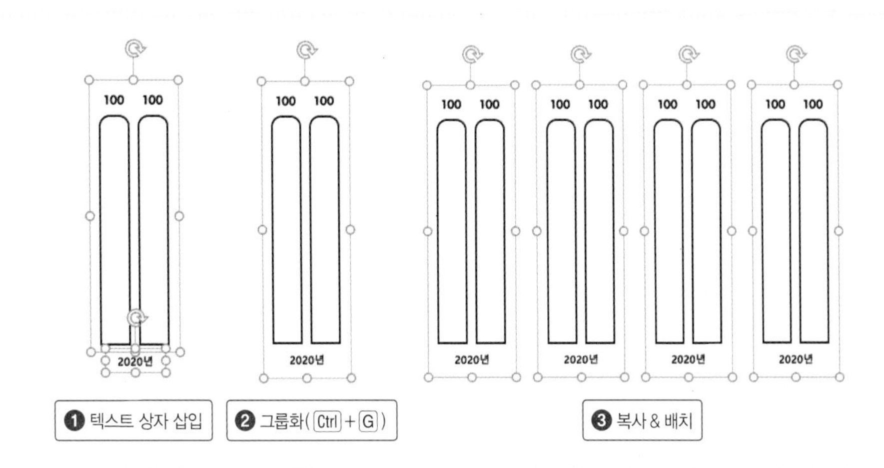

① 그룹화한 개체 아래 텍스트 상자를 삽입하고 계열 제목을 입력합니다.

② 그룹화한 개체와 텍스트 상자를 모두 선택한 다음 다시 한 번 그룹화합니다.

③ 그룹화한 도형을 복사한 다음 그림과 같이 나란히 배치하고 보기 좋게 정렬해 주세요.

텍스트 상자와 그룹화한 개체는 [개체 가운데 맞춤]을 선택하면 보기 좋게 정렬할 수 있습니다.

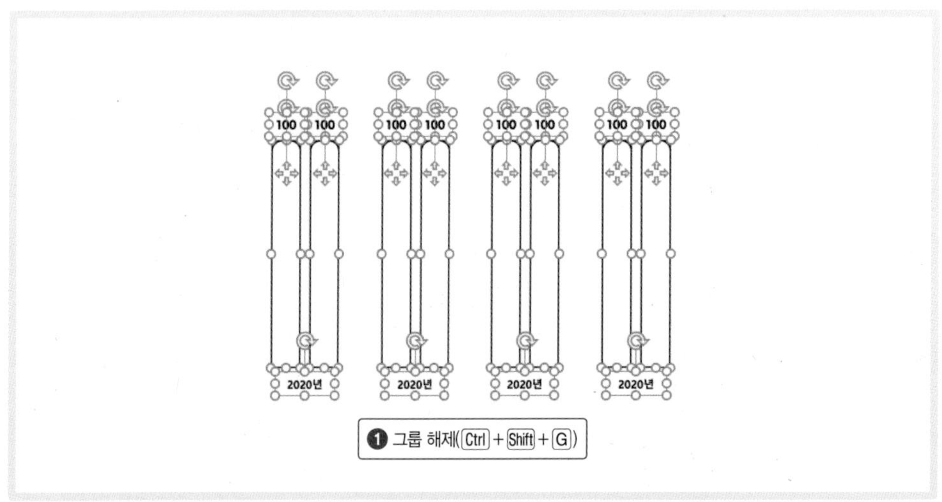

•••

① 배치한 전체 개체를 모두 선택한 다음 Ctrl + Shift + G를 눌러 그룹화를 해제합니다.

그룹화 기능을 활용하면 여러 개의 개체를 쉽게 정렬하고 배치할 수 있습니다.

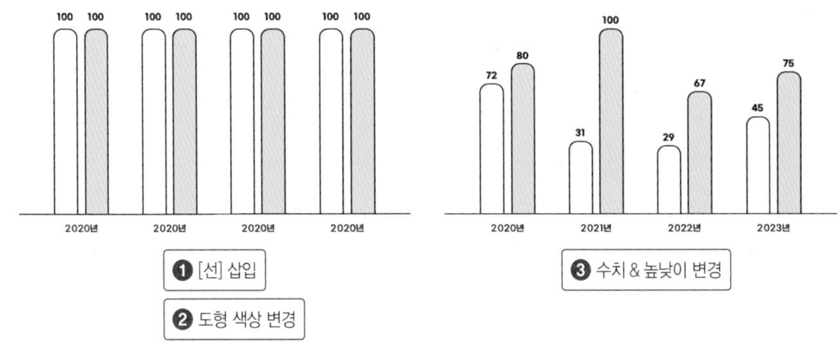

①. [삽입] – [도형] – [선]을 도형 아래에 삽입하면 간단하게 차트의 X축을 표현할 수 있습니다.

②. 나란히 배치한 도형 중 같은 계열로 구분한 도형만 선택하고 피피티에서 사용한 강조색으로 변경합니다.

③. 데이터와 일치하도록 도형의 높낮이와 수치 텍스트를 배치합니다.

[Ctrl]을 누른 상태에서 개체를 클릭하면 한 번에 여러 개체를 선택할 수 있습니다.

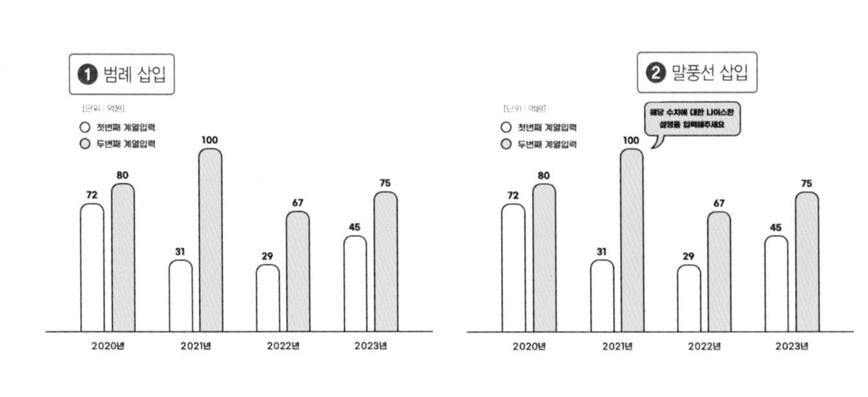

①. 동그라미와 텍스트 상자를 삽입해 범례를 삽입합니다. 범례는 차트의 왼쪽 위에 배치해 주세요.

②. 말풍선을 삽입하고 차트의 특정 수치에 대한 설명을 삽입하면 깔끔한 비교 차트를 완성할 수 있습니다.

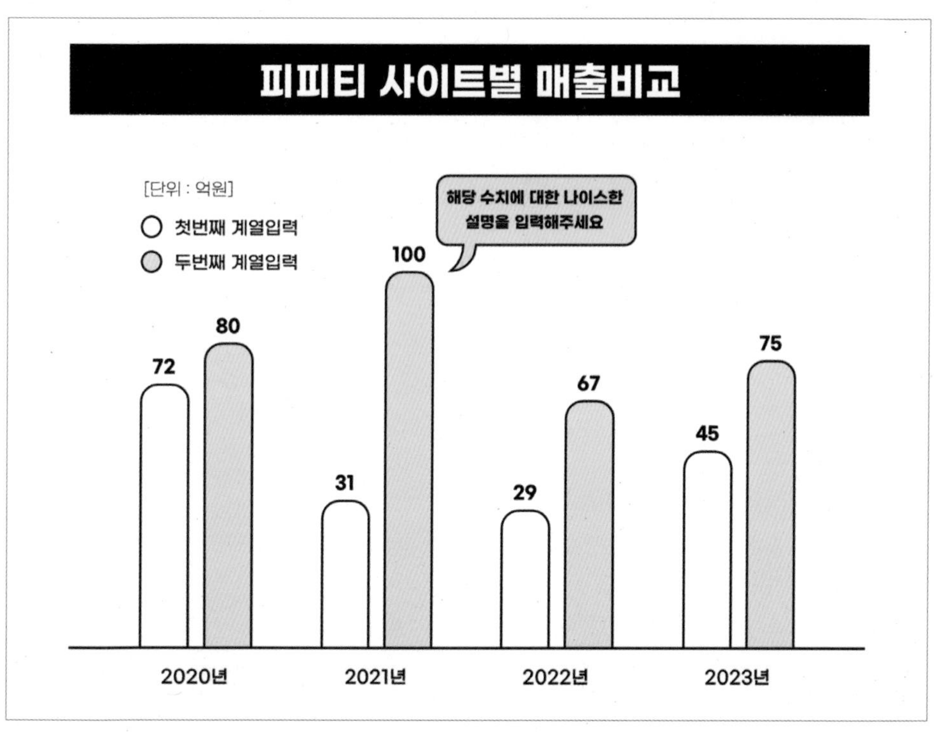

마무리로 피피티 배경색과 대비되는 색상으로 차트의 제목을 입력하면 가독성과 실용성을 한 번에 잡을 수 있는 나이스한 비교 막대 차트 만들기 끝!

실습

02 이거면 평생 차트 고민 끝 2 - 원형 차트

막대 차트와 함께 수치 비교의 양대 산맥 중 하나인 원형 차트! 10분만 투자하면 고퀄리티 원형 차트로 큰형님의 마음을 저격할 수 있습니다.

기본형 원형 차트

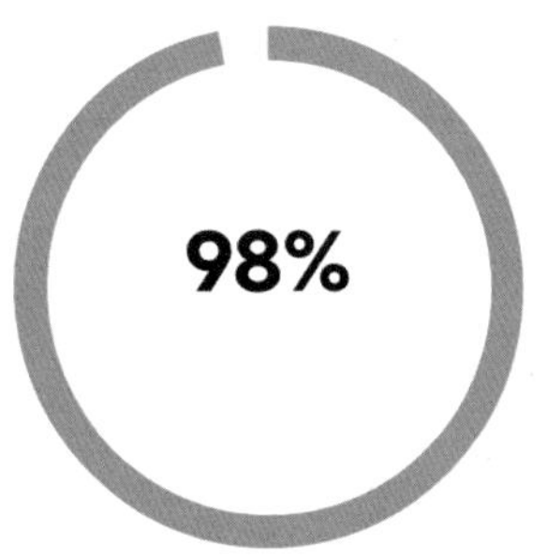

»

그대로 만들었을 때
극찬받을 확률

- 깔끔하니까
- 군더더기 없으니까
- 정갈하니까
- 피피티사냥꾼ST이니까
- 형들은 너무나도 멋있는 사람이니까

큰형님의 막힌 속을 뚫어줄 도넛 모양의 깔끔한 원형 차트는 수치를 강조할 때 유용한 최상의 차트입니다.

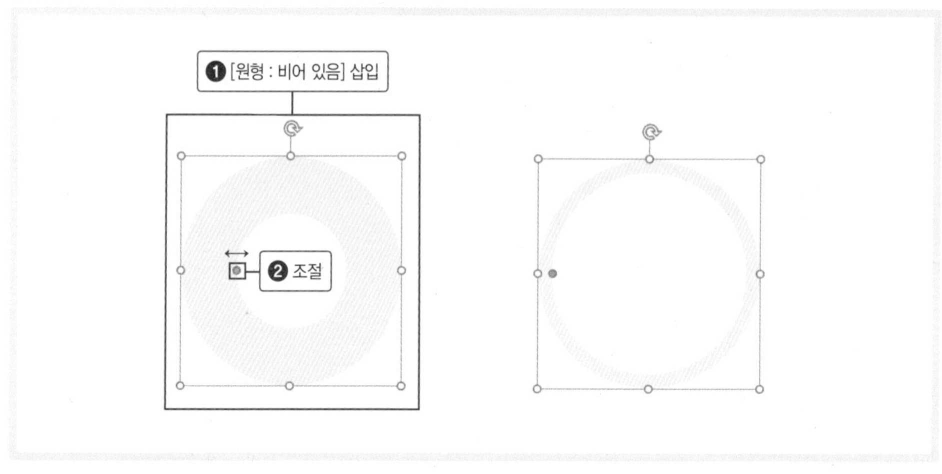

① [삽입] – [도형] – [원형 : 비어 있음]을 차례대로 선택해 도형을 삽입해 주세요.

② 도넛 도형의 안쪽 조절점을 바깥쪽으로 드래그해 굵기를 적절하게 조절합니다.

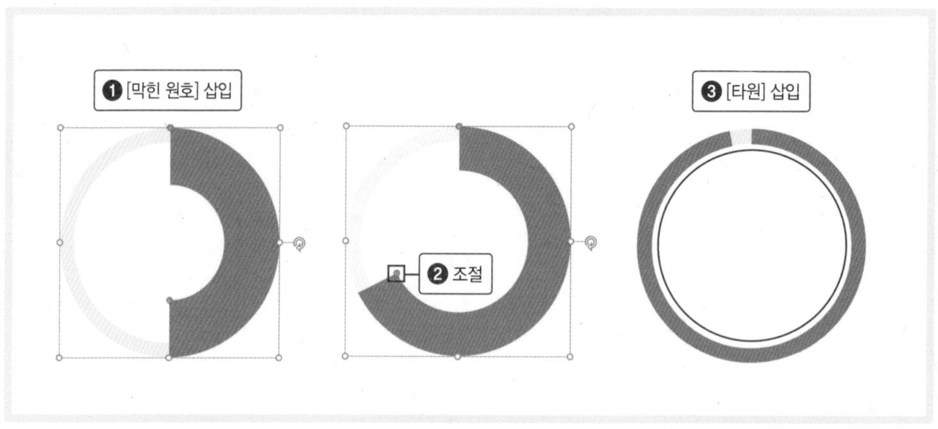

① 이번에는 [삽입] – [도형] – [막힌 원호]를 삽입해 주세요.

② 도넛 안쪽의 조절점을 드래그해 수치에 맞춰 길이를 적절하게 조절합니다.

③ 마지막으로 [삽입] – [도형] – [타원]을 정가운데 삽입하고 배경색과 같은 색으로 변경하면 도넛 차트가 완성됩니다.

Ctrl + Shift를 누른 상태에서 도형의 크기를 조절하면 중심점을 유지할 수 있습니다.

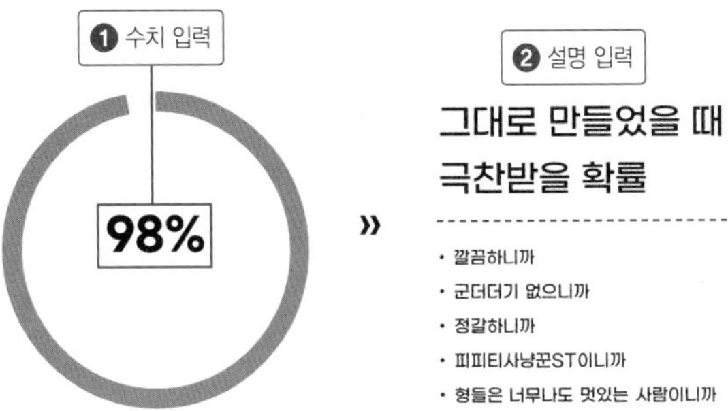

①. 앞 과정의 ③에서 삽입한 흰색 동그라미에 수치 입력!

②. 시선의 흐름을 고려해 차트 오른쪽에 나이스한 설명까지 입력하면, 바로 큰형님 마음 저격할 수 있을 거예요.

달성률 원형 차트

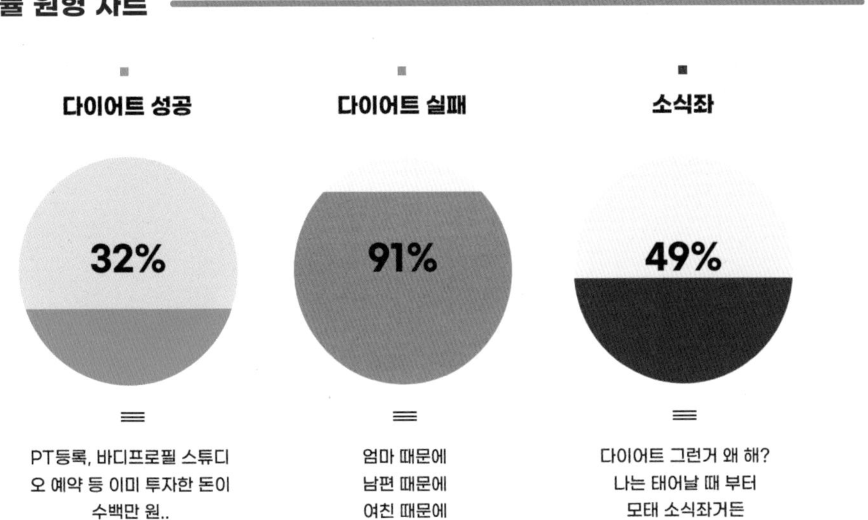

이번에는 달성률을 표현할 때 적합한 원형 차트입니다. 물병에 물이 채워지는 느낌의 원형 차트를 한 번 만들어 볼까요?

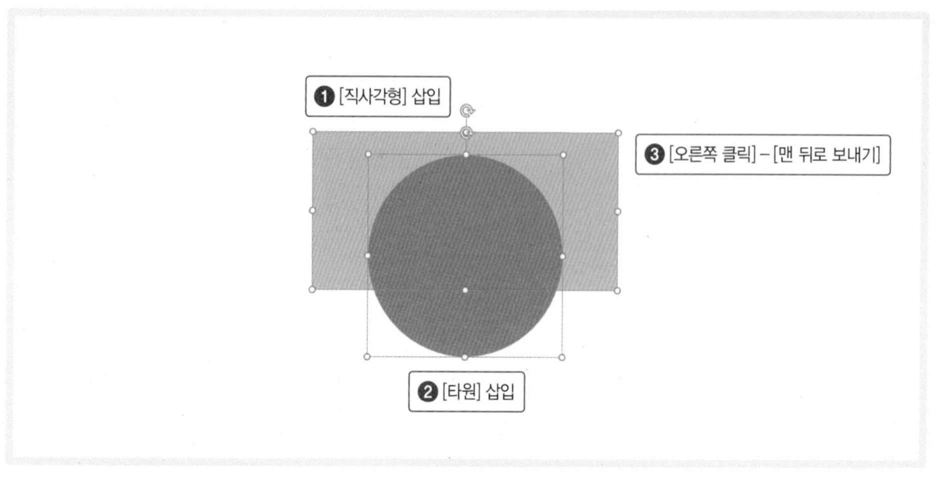

① [삽입] – [도형] – [직사각형] 삽입!
② [삽입] – [도형] – [타원] 삽입!
③ [도형 병합]으로 두 도형을 조각낼 것이므로 직사각형 도형이 맨 뒤에 배치되어 있어야 합니다. 도형 병합의 결과물을 고려해 크기와 위치를 적절하게 조절해 주세요.

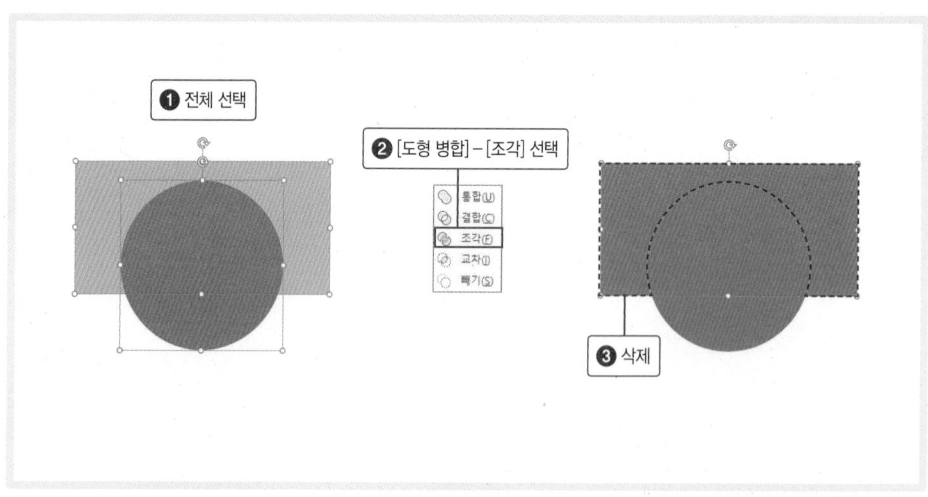

① 두 개의 도형이 모두 선택된 상태에서 [도형 서식] – [도형 병합] – [조각]을 차례대로 선택합니다.
② [조각]을 선택하면 두 개의 도형이 조각납니다.
③ 그림과 같이 조각난 도형 중 필요 없는 도형은 삭제해 주세요.

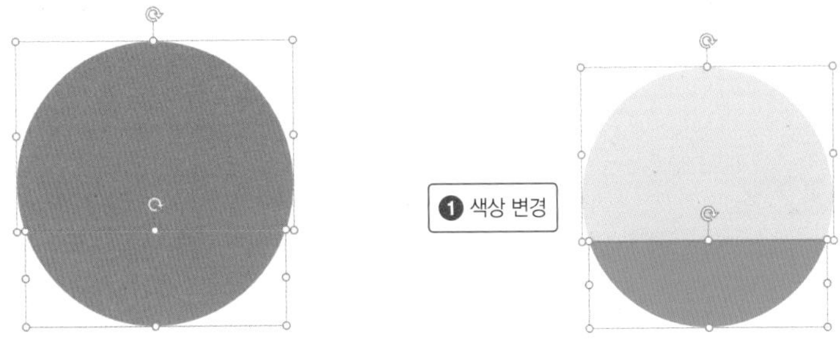

①. [도형 병합] – [조각]으로 완성한 도형을 각각 선택한 다음 대비되는 색상으로 채워주세요.

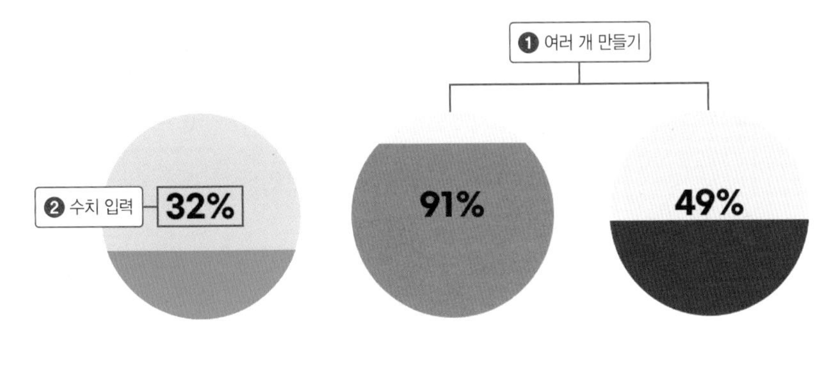

①. [도형 병합] – [조각] 기능을 활용해 수치에 맞춰 도형을 여러 개 만들어 주세요.

②. 완성한 도형에 수치까지 입력하면 완성!

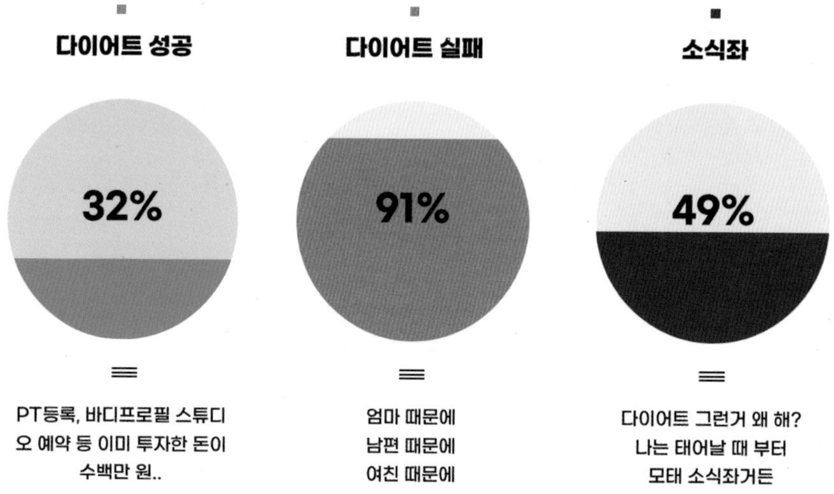

이렇게 완성한 차트에 제목과 설명을 나이스하게 입력하면 재미난 형태의 원형 차트를 만들 수 있습니다. 각각의 동그라미 도형만 봐도 수치를 이해할 수 있는 가독성 높은 슬라이드를 만들어 보세요.

실습

03 이거면 평생 차트 고민 끝 3 - 꺾은선 차트

꺾은선 차트는 시간의 흐름에 따라 변화하는 수치를 표현할 때 고민없이 선택하는 차트입니다. 이번에는 재미없는 기본 꺾은선 차트를 대신할 수 있는 꺾은선 차트를 만들어 보겠습니다. 이 차트도 10분 안에 뚝딱 만들 수 있어요.

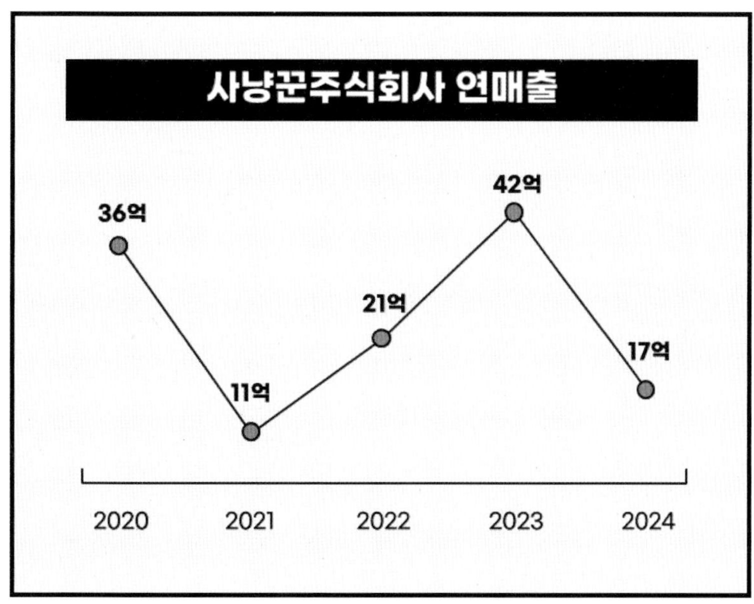

깔끔하게 시간의 흐름에 따라 달라지는 수치만 강조하여 전체적인 흐름을 표현하고 싶다면 꺾은 선 차트가 제격입니다.

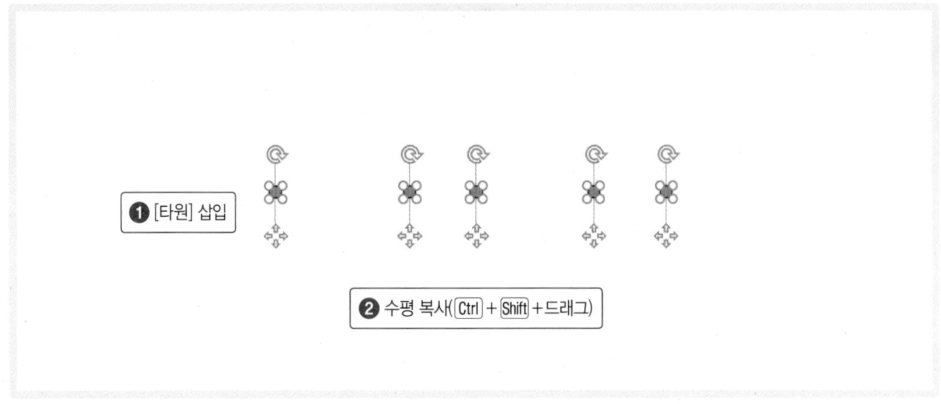

① [삽입] – [도형] – [타원]을 삽입합니다.

② 삽입한 도형을 활용해 수치를 표현할 것이므로 Ctrl + Shift + 드래그하여 표현할 개수만큼 복사합니다.

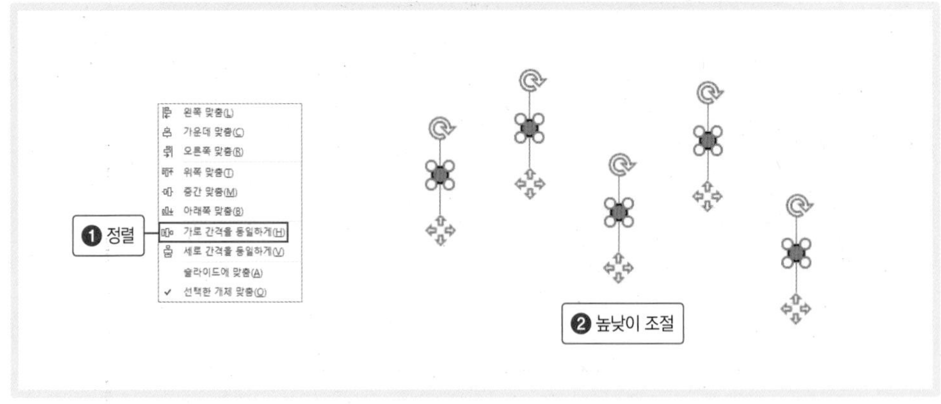

① 삽입한 동그라미를 모두 선택한 다음 [홈] – [정렬] – [맞춤] – [가로 간격 동일하게]를 선택해 같은 간격으로 배치합니다.

② 같은 간격으로 배치한 동그라미는 차트로 표현할 수치에 맞춰 높낮이를 조절해 주세요.

Shift를 누른 상태에서 도형을 위아래로 드래그하면 수직선을 유지한 채 움직일 수 있습니다.

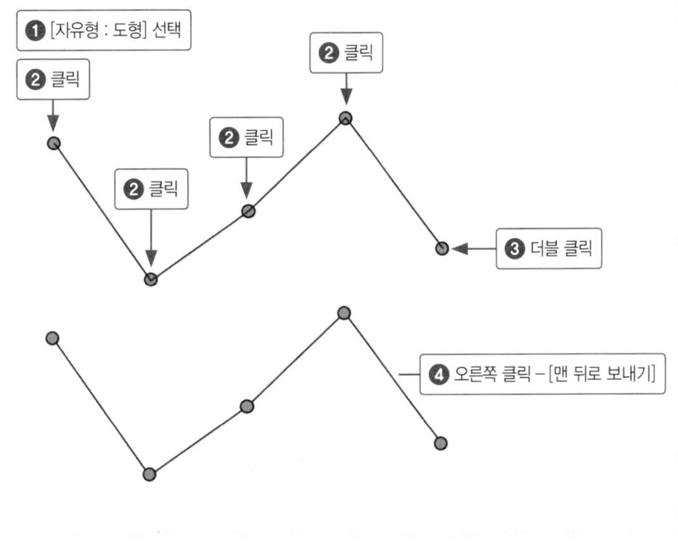

① [삽입] – [도형] – [자유형 : 도형]을 선택합니다.

② [자유형 : 도형]이 선택된 상태에서 그림의 순서대로 각 동그라미의 가운데를 클릭해 선을 삽입합니다.

③ 마지막 동그라미까지 선을 삽입했다면 더블클릭하여 그리기를 완료합니다.

④ 삽입한 [자유형 : 도형]을 마우스 오른쪽 버튼으로 클릭한 다음 [맨 뒤로 보내기]를 선택합니다.

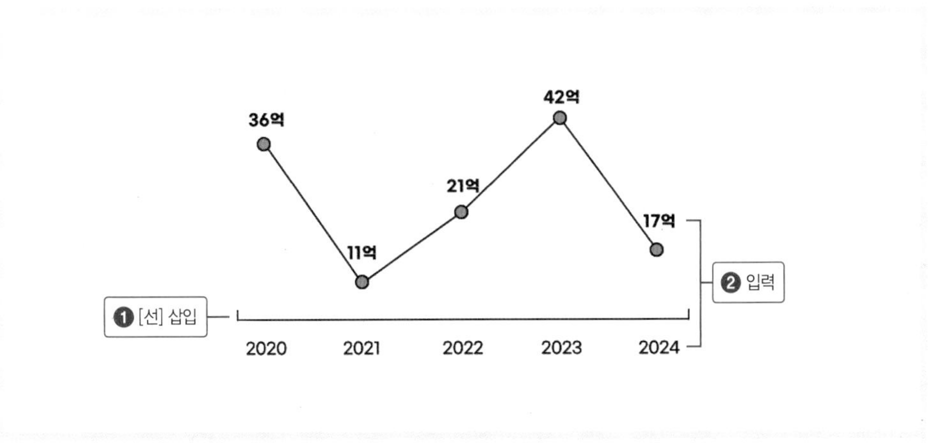

① 선을 삽입해 X축을 표현해 주세요.

② [타원] 도형의 가운데에 맞춰 텍스트 상자를 삽입하고 내용을 입력합니다.

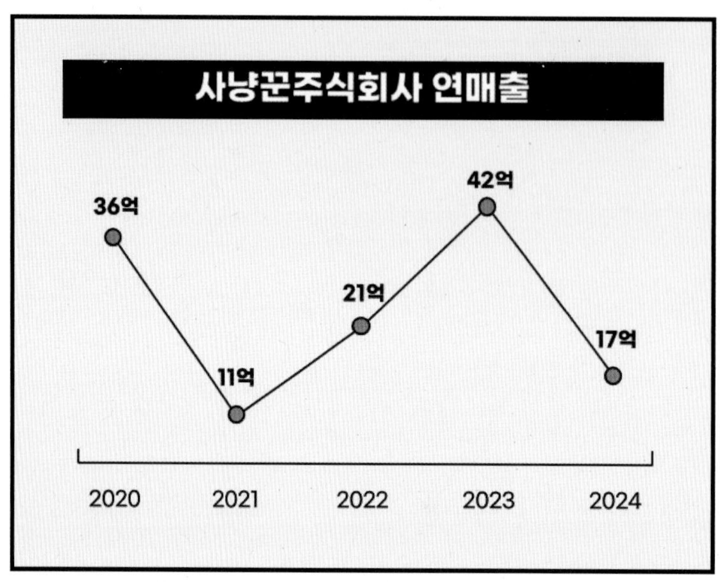

이렇게 완성한 꺾은선 차트를 더 강조하고 싶다면 배경과 대비되는 색상의 텍스트 상자를 삽입해 차트 제목을 입력하고, 테두리가 있는 직사각형 도형 안에 넣어 보세요.

04 내손내만 표 디자인

많은 정보를 일목요연하게 정리할 수 있는 표는 피피티에서 빠질 수 없는 요소 중 하나입니다. 가독성 높은 표는 전문성을 전달하기 좋은 수단이죠. 사냥꾼이 가독성 높은 나이스한 표 디자인 꿀팁을 알려줄게요.

기본형 표

구분	인원수	승진대상자	승진자
부장	352	75	16
차장	234	92	24
과장	524	158	31
대리	1,024	325	72
사원	3,527	1,528	326

표는 디자인 요소를 최소화하여 깔끔하게 정리해야 합니다. 시선이 데이터에 집중되야 하기 때문이죠. 간단하고 깔끔한 표 디자인 꿀팁! 나이스하게 알려줄게요.

① [삽입] – [표]를 차례대로 선택해 표를 삽입합니다.

② 피피티 콘셉트에 맞는 폰트로 표 안의 내용을 나이스하게 채워주세요.

③ 표 전체를 드래그하여 선택합니다.

④ 전체 선택된 표를 마우스 오른쪽으로 클릭한 다음 [도형 서식]을 선택합니다.

⑤ 도형 서식의 [텍스트 옵션] – [텍스트 상자] – [세로 맞춤]에서 [위쪽]을 선택합니다.

피피티 콘셉트에 맞는 폰트에 대한 자세한 내용은 20쪽을 참고하세요.

조금 더 깔끔한 표를 만들고 싶다면 그림과 같이 여백도 조절해 보세요.

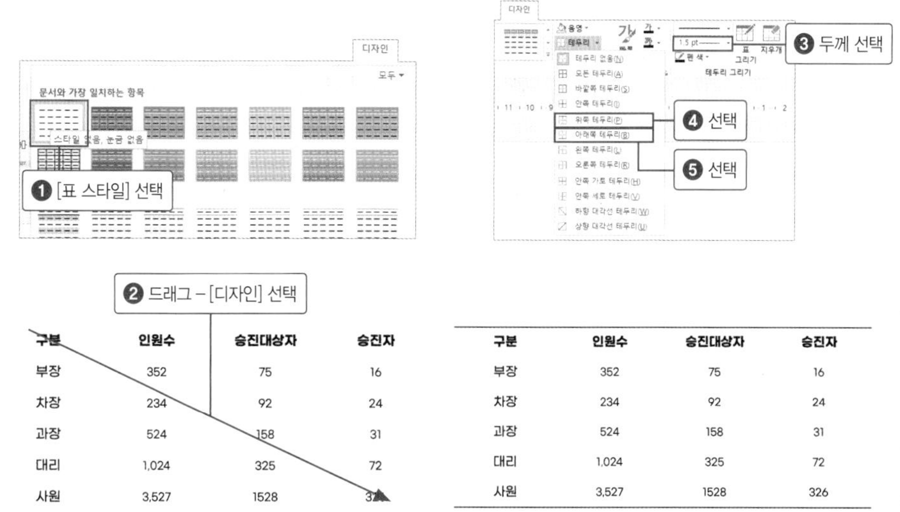

① 표가 선택된 상태에서 [디자인] – [표 스타일] – [스타일 없음, 눈금 없음]을 차례대로 선택합니다.

② 표 전체를 드래그해 선택하고 [디자인]을 클릭합니다.

③ [테두리 그리기]에서 원하는 테두리의 두께를 선택합니다.

④ [테두리] – [위쪽 테두리]를 선택합니다.

⑤ 같은 방법으로 [아래쪽 테두리]를 클릭해 표가 슬라이드 배경과 구분되도록 변경해 주세요.

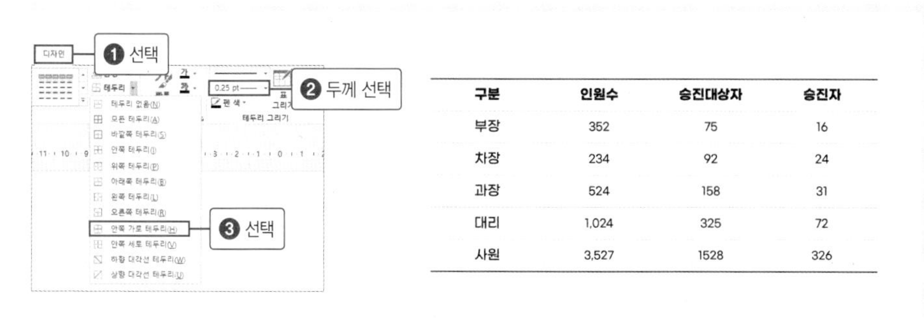

① 표 전체를 드래그해 선택한 다음 [디자인]을 클릭합니다.

② [테두리 그리기]에서 원하는 테두리의 두께를 선택합니다.

③ [테두리] – [안쪽 가로 테두리]를 클릭합니다.

[단위 : 명]

❷ 입력

❶ 색상 변경

구분	인원수	승진대상자	승진자
부장	352	75	16
차장	234	92	24
과장	524	158	31
대리	1,024	325	72
사원	3,527	1,528	326

•••

① 표의 첫 번째 행과 열을 변경하면 가독성이 더 높아집니다. 여기서는 첫 번째 행은 피피티에 사용한 강조색으로, 첫 번째 열은 옅은 회색으로 변경했습니다.

② 표의 오른쪽 위에는 출처나 단위 등을 입력하면 깔끔하고 가독성 높은 표가 완성됩니다.

내손내만 표

구분	사과	자두	포도
봄	25,000원	32,000원	110,000원
여름	35,000원	22,000원	50,000원
가을	15,000원	45,000원	40,000원

파워포인트의 표가 마음에 들지 않는다면 디자인 변경의 자유도가 높은 표를 직접 만들어 볼까요?

①. [삽입] – [도형] – [선]을 선택해 선을 삽입하고 두께도 나이스하게 변경!

②. 삽입한 ①.의 선을 선택한 다음 Ctrl + Shift를 누른 상태에서 드래그해 복사합니다.

③. 복사한 선을 모두 선택한 다음 [홈] – [정렬] – [맞춤] – [세로 간격을 동일하게]를 차례대로 선택해 깔끔하게 정렬해 주세요.

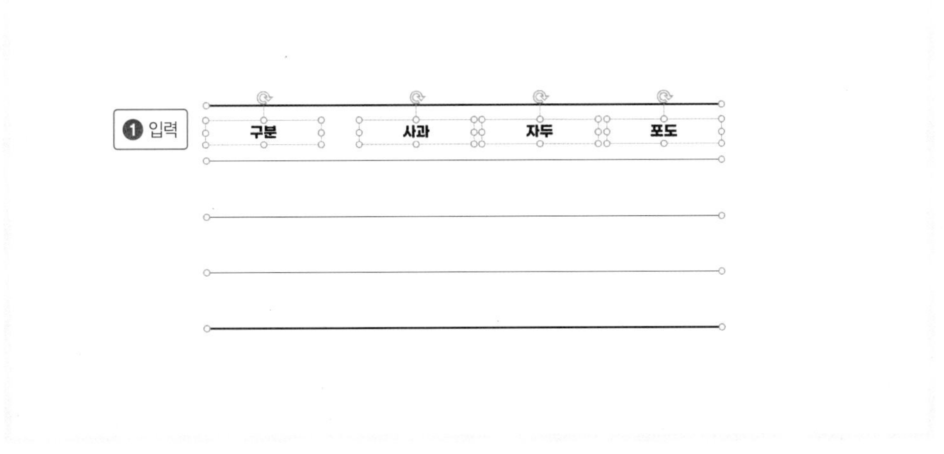

①. 표의 첫 행에 해당되는 영역에 텍스트 상자를 삽입하고 내용을 입력합니다.

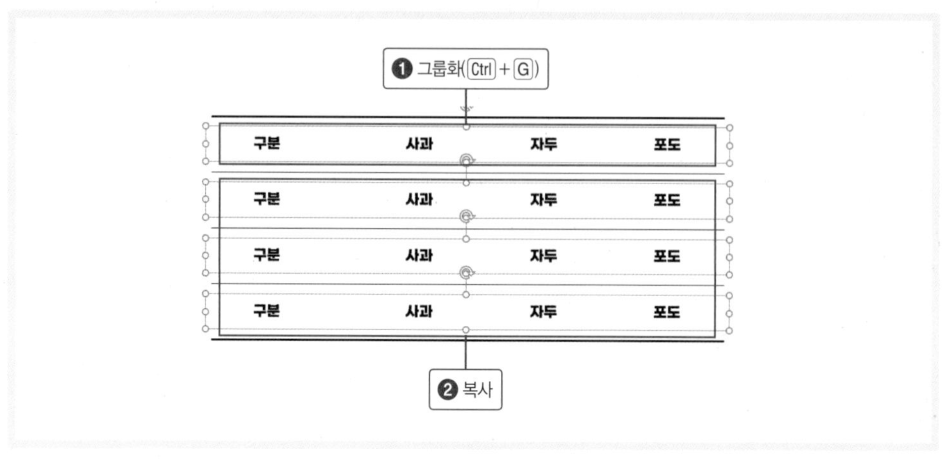

① 삽입한 텍스트 상자를 모두 선택한 다음 그룹화(Ctrl + G)합니다.
② 그룹화한 텍스트 상자는 수직선상에 복제해 주세요.

- 각 해당되는 선 두께도 적절하게 변경해 주세요.
- 텍스트 상자나, 이미지, 도형 등을 Ctrl + Shift + 드래그하면 수직/수평을 유지한 채 복제할 수 있습니다.

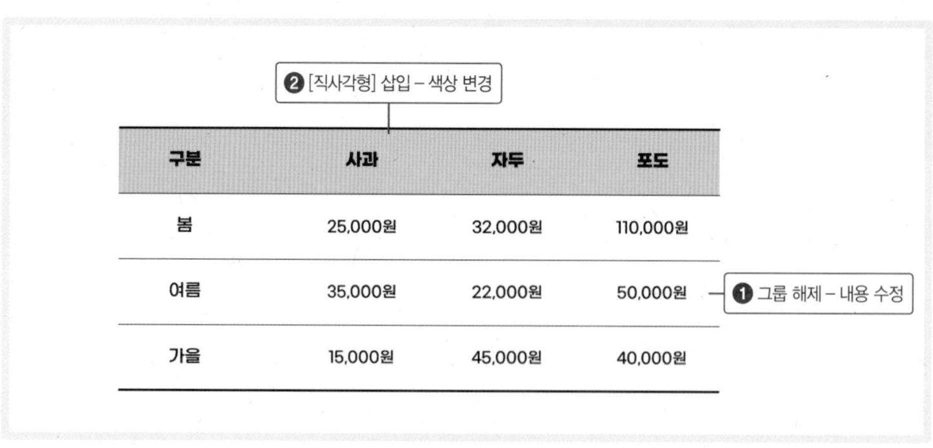

구분	사과	자두	포도
봄	25,000원	32,000원	110,000원
여름	35,000원	22,000원	50,000원
가을	15,000원	45,000원	40,000원

① 텍스트 상자를 모두 선택한 다음 그룹화를 해제하고 내용을 수정해 주세요.
② 가독성을 높이기 위해 첫 행의 폰트 굵기만 굵게 조절하고, 피피티에서 사용한 강조색으로 채운 네모까지 삽입하면 내 손으로 직접 만드는 표 디자인 완성!

실습

05 SNS 광고에서 많이 본 그림자 텍스트 만들기

파워포인트의 '3차원 서식'을 활용하면 한방에 큰형님의 이목을 집중시킬 수 있는 그림자를 만들 수 있습니다. 단순한 배경에 텍스트뿐이지만 감성 터치 싹가능한 그림자 효과에 대해 알아볼게요.

간단한 그림자 하나로 큰형님의 이목을 집중시킬 수 있는데 따라하지 않을 이유가 없죠? 방법도 쉽고 활용도도 높습니다. 바로 시작할게요!

① 텍스트를 크게 입력해 주세요. 여기서는 'G마켓 산스 TTF Bold'를 166pt와 72pt로 입력했습니다.

② 입력한 텍스트 상자를 마우스 오른쪽으로 클릭한 다음 [도형 서식]을 선택합니다.

③ [텍스트 옵션] – [텍스트 효과] – [3차원 회전] – [미리 설정]의 [오블리크 : 오른쪽 아래]를 차례대로 선택합니다.

줄 간격을 조절하면 더욱 완성도 높은 결과물을 얻을 수 있어요. 여기서는 줄 간격을 '0.9'로 변경했습니다.

줄 간격을 변경하는 방법은 105쪽을 참고하세요.

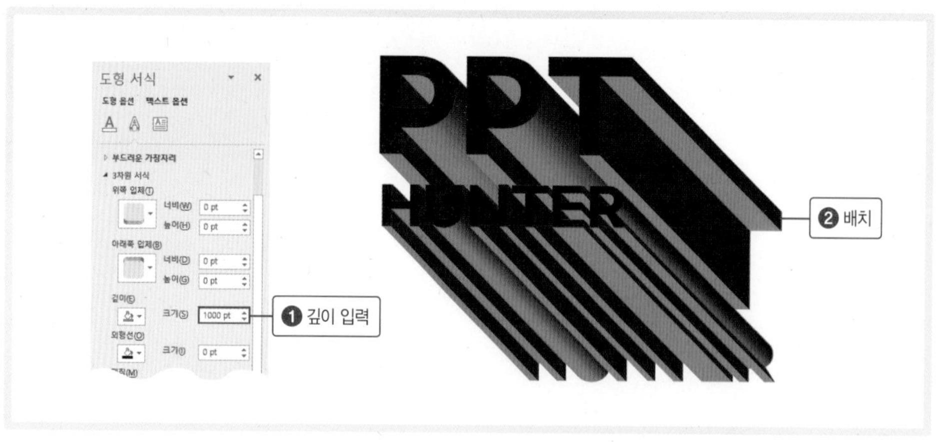

① [3차원 서식]의 [깊이]에서 원하는 색상을 선택하고 [크기]에 '1000'을 입력하면 텍스트 위로 긴 그림자가 표시됩니다.

② 효과가 적용된 텍스트는 슬라이드의 가운데에 배치해 주세요.

① [3차원 서식] – [깊이] – [다른 색]을 선택하면 [색] 대화상자가 표시되므로 그림자 색을 세밀하게 조절할 수 있어요.

② [3차원 서식]의 [재질]에서 [무광택]을 선택하면 그림자를 어둡게 표현할 수 있습니다.

③ [3차원 서식]의 [조명]에서 [평면]을 선택하면 그림자의 음영을 단순하게 변경할 수 있습니다.

효과가 적용된 텍스트를 화면에 보기 좋게 배치하고 색상을 변경하면 트랜디한 긴 그림자 효과 적용 완료!

실습

06

조회수 100만 싹가능한 유튜브 썸네일 만들기

포토샵이 없어도 유튜브 썸네일을 만들 수 있습니다. 구독자의 시선을 단숨에 사로잡을 수 있는 나이스한 유튜브 썸네일을 피피티로 만들어볼게요. 레쓰고바리!

알려주는 대로 따라하기만 하면 어떤 배경에도 찰떡으로 어울리는 나이스한 유튜브 썸네일을 만들 수 있어요! 같이 만들어 볼까요?

#PPT맛집 — ❶ 텍스트 입력

#PPT맛집

#PPT맛집 — ❷ 텍스트 복사

···

① 유튜브 썸네일에 어울리는 귀여운 폰트로 제목을 입력해 주세요. 여기서는 '여기어때 잘난체'를 '96p'로 입력했습니다.

② 입력한 텍스트를 세 개 복사해 주세요.

사냥꾼의 강력 추천 폰트에 대한 자세한 내용은 20쪽을 참고하세요.

···

① 첫 번째 텍스트는 유튜브 썸네일로 사용할 색상으로 변경!

② 두 번째 텍스트는 윤곽선 '검정색', 두께 '6pt'로 변경!

③ 세 번째 텍스트는 윤곽선 '분홍색', 두께 '12pt'로 변경!

① 첫 번째 텍스트 상자를 마우스 오른쪽으로 클릭한 다음 [맨 앞으로 가져오기]를 선택합니다.
② 세 번째 텍스트 상자를 마우스 오른쪽으로 클릭한 다음 [맨 뒤로 보내기]를 선택합니다.
③ 모든 텍스트 상자를 선택한 다음 [홈] – [맞춤] – [정렬] – [가운데 맞춤]/[중간 맞춤]을 각각 선택하여 정렬합니다.

칼각으로 정렬하는 자세한 방법은 25쪽을 참고하세요.

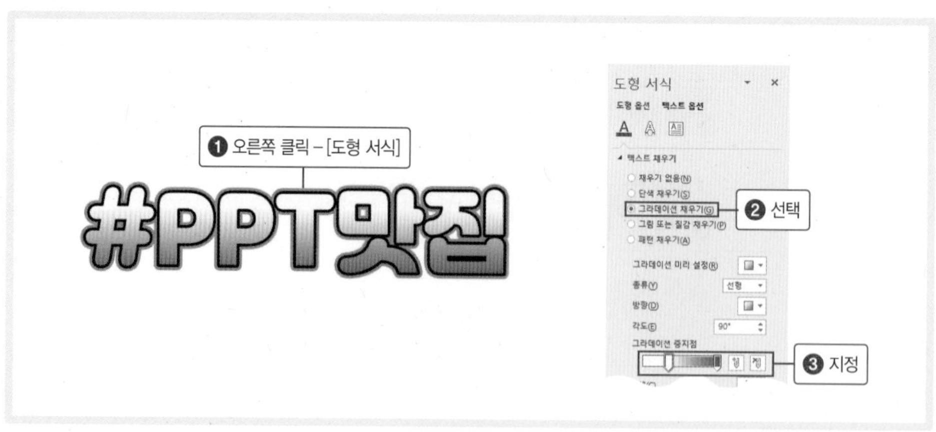

① 가장 위에 배치된 텍스트 상자를 마우스 오른쪽으로 클릭한 다음 [도형 서식]을 선택합니다.
② 도형 서식의 [텍스트 채우기] – [그라데이션 채우기] 클릭!
③ 그림과 같이 그라데이션 효과를 적용해 주세요.

이렇게 나이스하게 만든 텍스트를 사진이나 영상 위에 삽입하고 보기 좋게 배치하면, 나이스한 유튜브 썸네일 완성!

실습

07 나만의 시그니처 로고 만들기

내 멋에 사는 개성시대! 이번에는 상대방에게 나라는 존재를 문신처럼 각인시킬 수 있는 멋진 시그니처 로고를 만들어 볼게요. 포토샵 필요 없어요! 피피티면 충분합니다. 함께 가볼까요?

단순하게 사진만 있는 프로필 사진은 가라! 자신의 시그니처 색상과 캐릭터로 만드는 내손내만 프로필! 직접 만든 로고로 자신을 표현해 보세요. 피피티로 간단하게 만들 수 있는 거 RG?

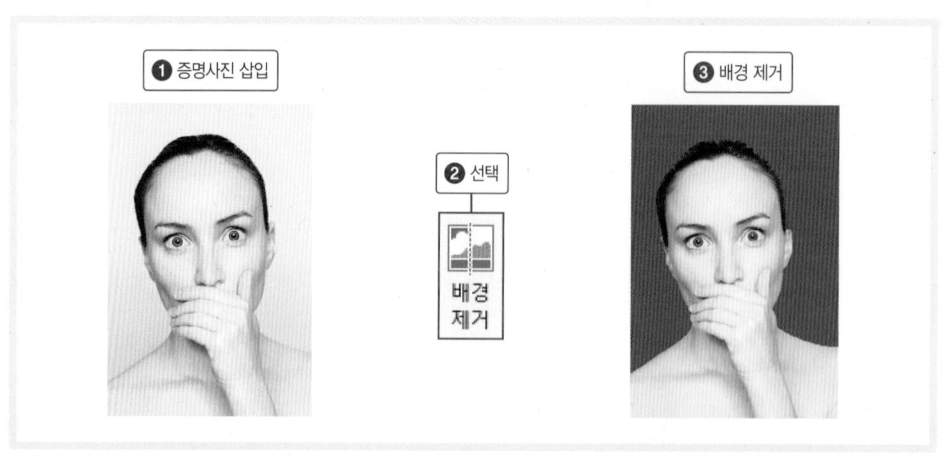

① 얼굴 정면이 보이는 증명사진 하나 삽입!

② 삽입한 사진을 선택한 다음 [그림 서식] – [배경 제거]를 선택합니다.

③ [배경 제거]의 [보관할 영역 표시]와 [제거할 영역 표시]를 활용하면 세밀하게 조정이 가능하므로 배경을 깔끔하게 제거할 수 있어요.

• • •

① 배경을 제거한 사진이 선택된 상태에서 [서식] – [꾸밈 효과]를 선택합니다.

② [강조] 효과를 적용해 주세요.

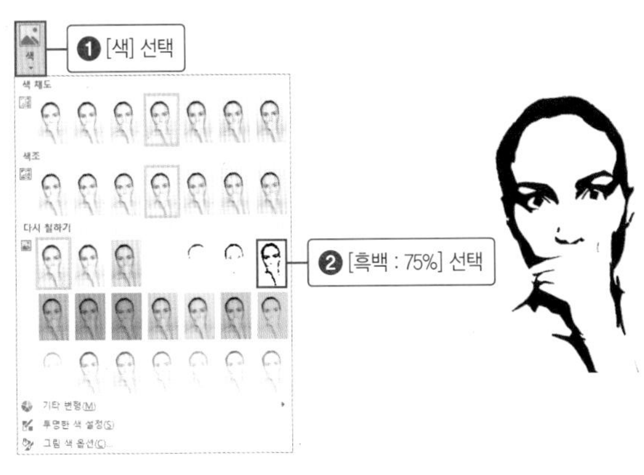

• • •

① [강조] 효과가 적용된 사진에 [그림 서식] – [색]을 선택합니다.

② [다시 칠하기]의 [흑백 : 75%]를 적용합니다. 정해진 값이 없으니 적절하게 조절하면 됩니다.

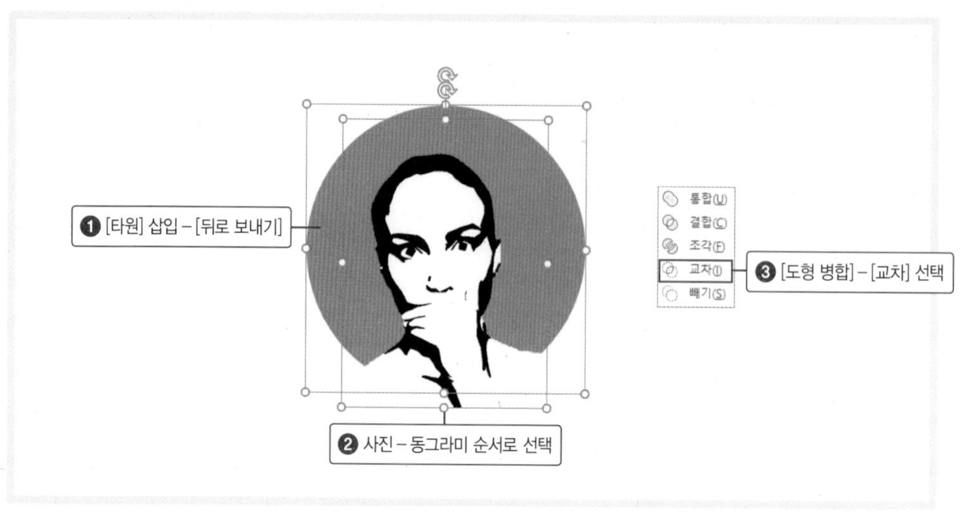

① [삽입] – [도형] – [타원]을 삽입합니다. 삽입한 도형은 효과가 적용된 사진 뒤로 보내주세요.

② [도형 병합] – [교차]로 효과가 적용된 사진 중 로고로 사용할 부분만 깔끔하게 정리해 볼게요. 사진과 동그라미를 순서대로 선택합니다.

③ [도형 서식] – [도형 병합] – [교차]를 선택합니다.

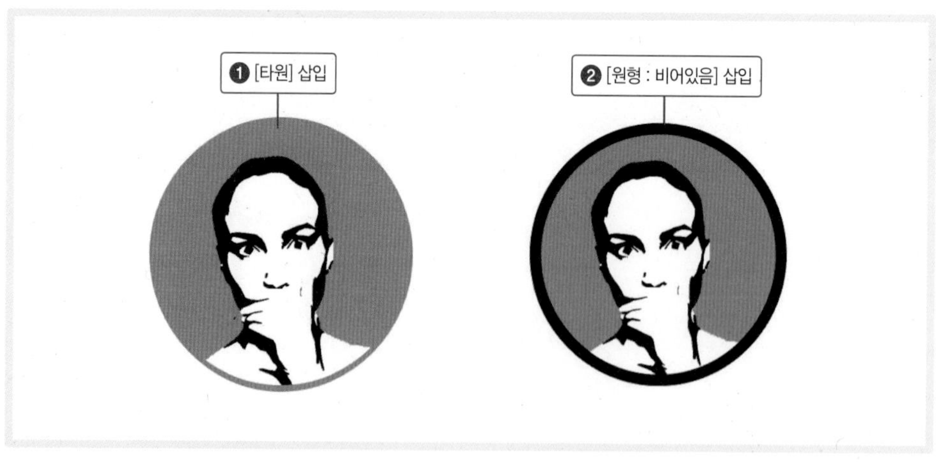

① 다시 적당한 크기의 동그라미를 삽입한 다음 사진과 보기 좋게 배치합니다.

② [삽입] – [도형] – [원형 : 비어있음]을 삽입하여 맨 앞에 배치하면 더욱 깔끔한 로고를 만들 수 있습니다.

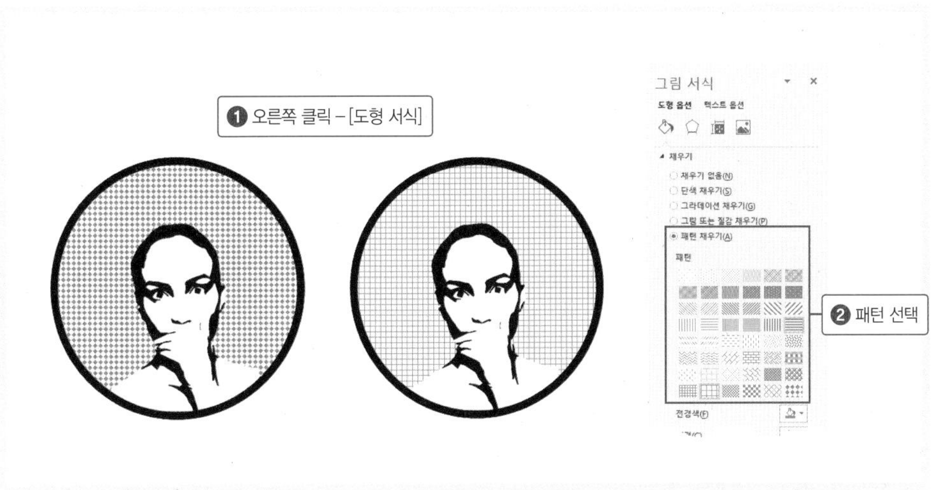

① 단색 배경이 마음에 들지 않는다면 배경 도형을 마우스 오른쪽으로 클릭한 다음 [도형 서식]을 선택합니다.

② 도형 서식의 [도형 옵션] – [채우기 및 선] – [채우기]의 [패턴 채우기]에서 패턴을 선택해 보세요.

로고를 사용할 SNS의 고유 색상으로 배경 색을 변경하면 더 찰떡이죠? 나이스하게 시그니처 로고를 만들어 보세요.

PART
피피티 프로세스 디자인
큰형님에게 무조건 칭찬 받는
아이콘 활용 도식화 치트키
무료 아이콘 다운로드 사이트 사냥
무료 고화질 사진 다운로드 사이트 사냥
내가 원하는 사진을 사냥하는 방법
사냥한 콘셉트 사진을 제대로
활용하는 방법

004

앞으로의 10년을 책임질 피피티 치트키

피피티에 빠질 수 없는 프로세스 디자인은 한번만 제대로 만들어 두면 10년동안 돌려막기할 수 있습니다. 어떤 상황에도 유용하게 사용할 수 있는 프로세스 디자인과 알아두면 뼈가 되고 살이 되는 아이콘 활용법! 그리고 우리 형들한테만 알려주는 무료 아이콘/사진 다운로드 사이트까지 앞으로 10년동안의 피피티를 책임져 줄게요.

01 피피티 프로세스 디자인

프로세스 나열형 다이어그램은 업무의 절차나 과정을 표현하는 데 유용하므로 피피티에 자주 사용합니다. 다양한 프로세스 다이어그램 중 사냥꾼이 아끼고 아끼는 디자인의 다이어그램을 나이스하게 만드는 방법에 대해 알려줄게요.

캐주얼한 일상 프로세스 다이어그램

Sandwich Hunter
\-
스쿼트 5x10세트 정도면
칼로리 소모 쌉가능

Chicken Hunter
\-
스쿼트 12x30세트 정도면
칼로리 소모 쌉가능

Pizza Hunter
\-
스쿼트 1RM으로 때려도
복구 불가능 RG?

BBQ Hunter
\-
고기는 단백질이라서
살안찌니까 휴식 레쓰고

발표 자료에서 가장 많이 사용하는 도식화 자료 중 하나는 프로세스 다이어그램(Diagram)입니다. 대학생, 직장인은 물론 일상생활까지 어디에서나 나이스하게 사용할 수 있는 프로세스 다이어그램을 함께 만들어봐요.

다이어그램은 기호나 그림을 사용해 상호관계나 과정, 구조 등을 설명하는 그림입니다.

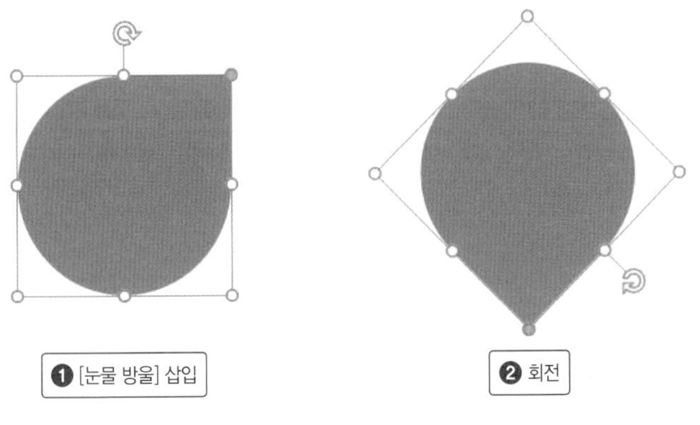

① [삽입] – [도형] – [눈물 방울]을 삽입해 주세요.

② 삽입한 눈물 방울의 꼭짓점이 아래를 향하도록 회전시킵니다.

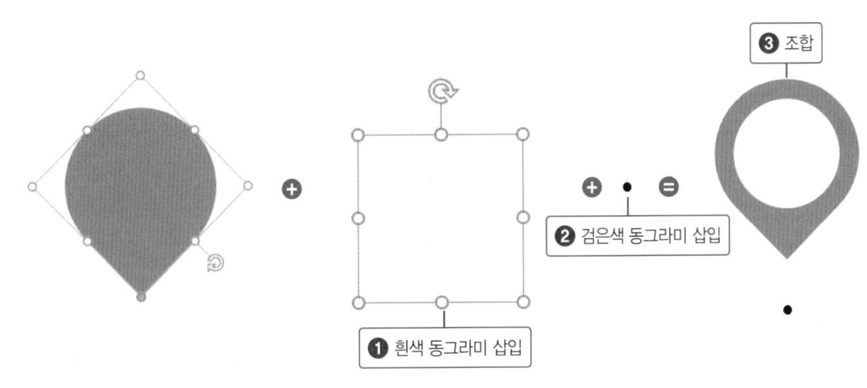

① 이번에는 흰색 동그라미를 삽입하고 눈물 방울과 가로, 세로 센터에 맞춰 배치해 주세요

② 마지막으로 검은색 동그라미를 삽입하고 눈물 방울과 수직선상에 위치하도록 배치해 줍니다.

- 타원 도형 삽입 시, Shift를 누른 상태로 삽입하면 정원을 삽입할 수 있습니다.
- 도형을 보기 좋게 정렬하는 방법은 25쪽을 참고하세요.
- 스마트 가이드 기능을 활용하면 정렬 도구를 사용하지 않고도 개체를 배치할 수 있습니다.

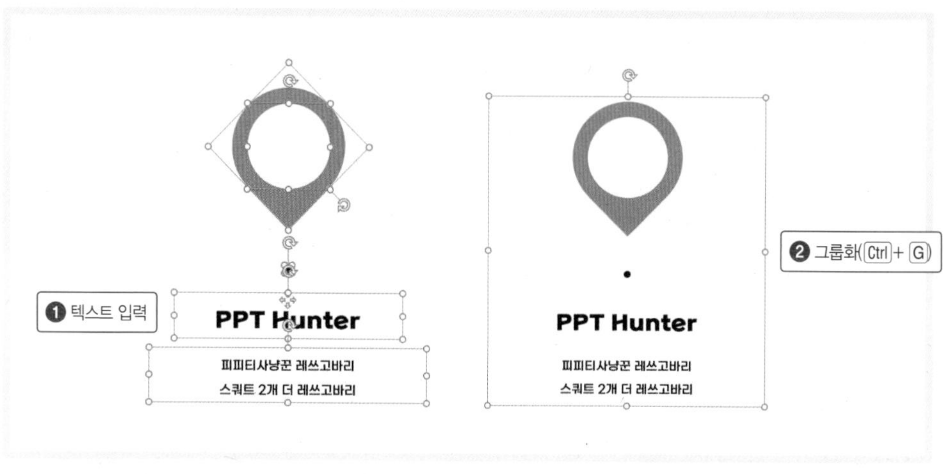

① 조합한 도형 아래 제목과 본문을 입력합니다.

② 도형과 텍스트 상자를 모두 선택한 다음 그룹화(Ctrl + G)합니다.

제목과 본문 사이에 선 도형을 삽입하면 가독성을 높일 수 있어요.

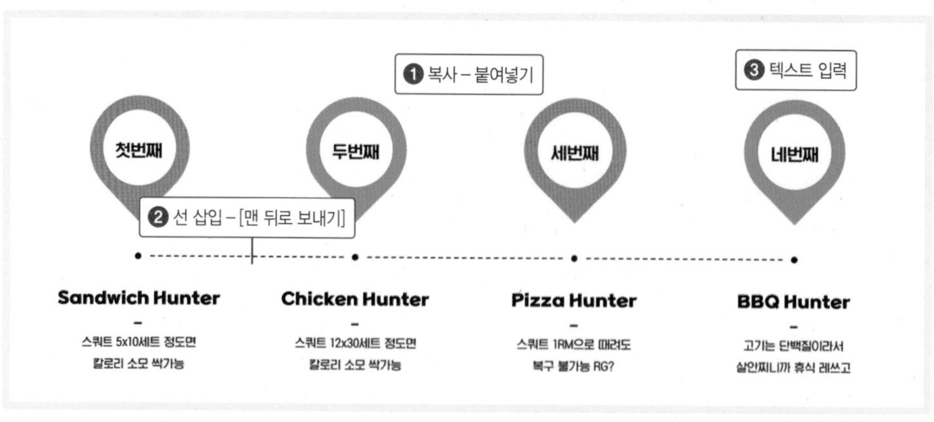

① 그룹화한 개체를 여러 개 복사+붙여넣기한 다음 같은 간격으로 배치하고 텍스트를 수정합니다.

② 첫 번째 도형과 마지막 도형의 점이 이어지도록 선을 삽입하고 마우스 오른쪽 버튼으로 클릭한 다음 [맨 뒤로 보내기]를 선택해 배치합니다.

③ 각 도형에 텍스트를 추가하고 보기 좋게 배치하면 캐주얼한 일상 프로세스 디자인 끝!

Ctrl + Shift를 누른 상태로 개체를 드래그하면 수평/수직선상에 개체를 복사할 수 있습니다.

직장인ST 프로세스 디자인

01
나이스한 제목을
입력해 주세요

- 큰 형님들은 이런걸 좋아하는거 RG?
- 큰 형님들은 이런걸 좋아하는거 RG?
- 큰 형님들은 이런걸 좋아하는거 RG?
- 큰 형님들은 이런걸 좋아하는거 RG?

02
나이스한 제목을
입력해 주세요

- 큰 형님들은 이런걸 좋아하는거 RG?
- 큰 형님들은 이런걸 좋아하는거 RG?
- 큰 형님들은 이런걸 좋아하는거 RG?
- 큰 형님들은 이런걸 좋아하는거 RG?

03
나이스한 제목을
입력해 주세요

- 큰 형님들은 이런걸 좋아하는거 RG?
- 큰 형님들은 이런걸 좋아하는거 RG?
- 큰 형님들은 이런걸 좋아하는거 RG?
- 큰 형님들은 이런걸 좋아하는거 RG?

직장인 형들~ 창의력은 무궁무진하지만 실무에는 디자인 제한이 너무 많죠? 그래서 준비했습니다. 제한된 도형과 색상만 사용하더라도 호불호 없이 나이스한 프로세스 다이어그램을 디자인하는 방법 알려줄게요.

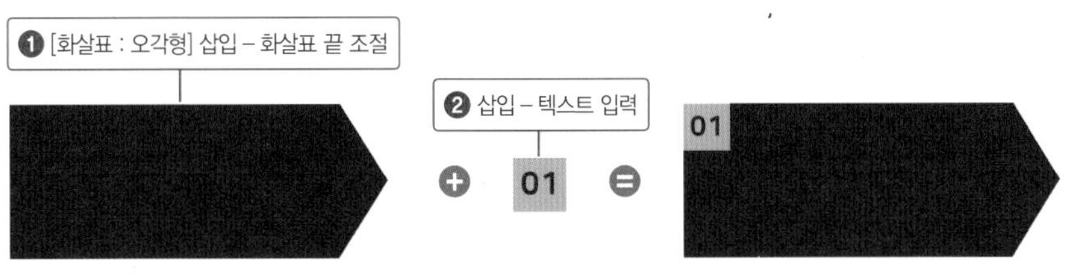

① [삽입] – [도형] – [화살표 : 오각형]을 삽입합니다. 화살표의 끝이 너무 뾰족하지 않도록 노란색 조절점으로 조절해 주세요.

② 화살표 왼쪽 위에도 작은 사각형을 삽입하고 숫자를 입력합니다.

피피티 공략집 | 화살표 꼬다리 황금비율

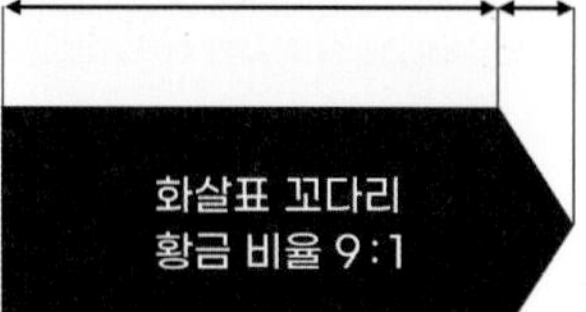

화살표 도형은 끝이 너무 뾰족하지 않도록 나이스하게 조절해 주세요. '9 : 1' 정도로 나이스하게 뾰족함 정도와 전체 크기를 조절해 줍니다.

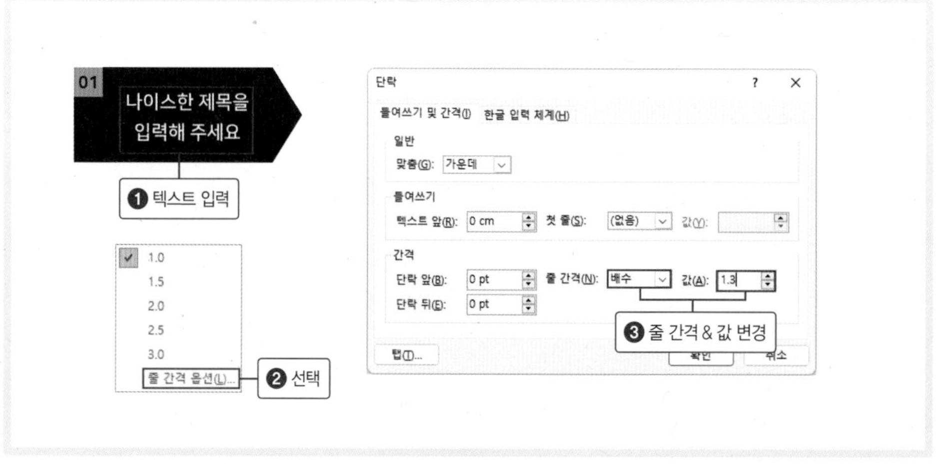

① 오각 화살표 위에 원하는 내용을 입력하세요.

② 오각 화살표를 선택하고 [홈] – [줄 간격] – [줄 간격 옵션]을 선택합니다.

③ [줄 간격]을 [배수]로 변경하고 [값]을 '1.1~1.3'으로 조절해 주세요.

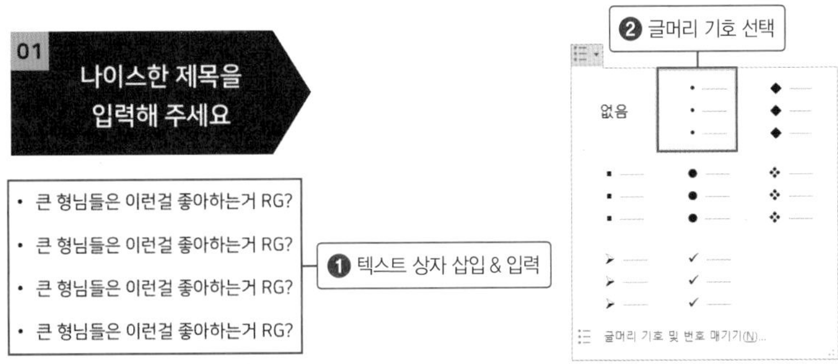

① 도형 아래로 텍스트 상자를 삽입하고 텍스트를 입력합니다.

② 글머리 기호를 추가하면 각 내용을 나이스하게 표현할 수 있습니다.

글머리 기호를 설정한 텍스트의 줄 간격은 '1.5~2.0' 정도가 적당합니다. 정답은 없으니 형님들 취향에 맞게 적절하게 조절해 보세요.

① 도형과 텍스트 상자를 모두 선택한 다음 전체를 그룹화(Ctrl + G) 레쓰고바리!

② 그룹화한 개체를 수평선상에 복사(Ctrl + Shift + 드래그)한 다음 텍스트를 수정하면 직장인st 프로세스 디자인 끝!

딱 정해드림! 국룰 스케줄 프로세스 디자인

보고용 피피티의 마지막 슬라이드 즈음에, 발표한 보고 자료의 스케줄을 정리하는 건 이제 국룰이죠? 캐주얼하면서 깔끔한 스케줄 슬라이드를 만드는 방법을 나이스하게 알려줄게요!

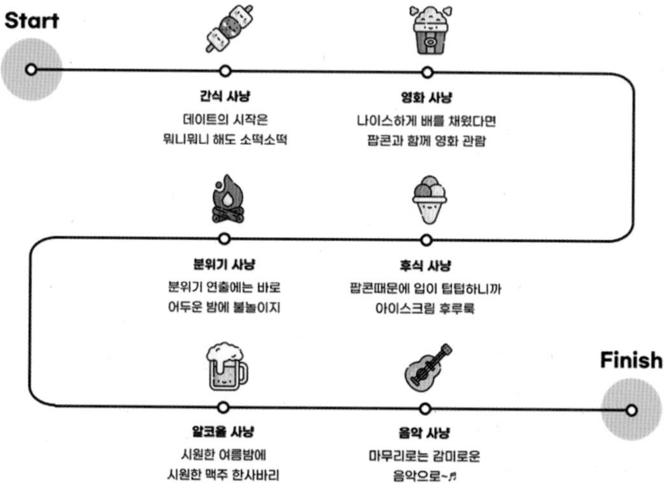

시선은 위에서 아래로, 왼쪽에서 오른쪽으로 흐릅니다. 이번에는 자연스럽게 시선을 따라가다 보면 각 단계나 과정을 쉽게 파악할 수 있는 귀요미st 스케줄 디자인을 함께 만들어 볼까요?

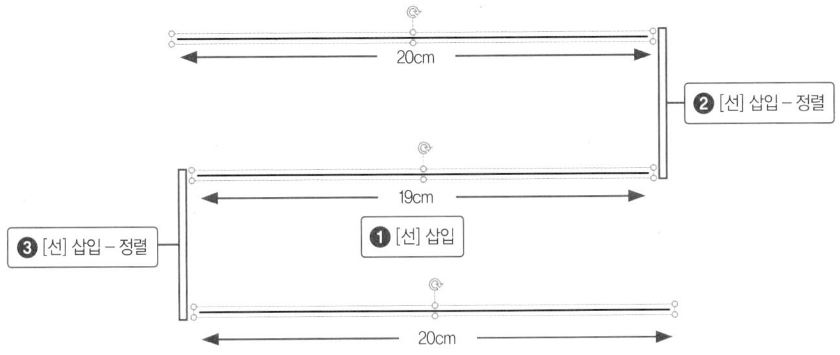

• • •

① [삽입] – [선]을 선택해 세 개의 선을 삽입합니다. 위에서부터 '20cm', '19cm', '20cm' 너비의 선을 삽입해 주세요.

② 대괄호 도형을 삽입해 세 개의 선을 연결할 것이므로 가운데 선을 기준으로 위의 선은 가운데 선의 오른쪽 끝에 맞춰 배치합니다.

③ 아래쪽의 도형은 가운데 선의 왼쪽 끝에 맞춰 배치하고 세로 간격을 동일하게 정렬합니다.

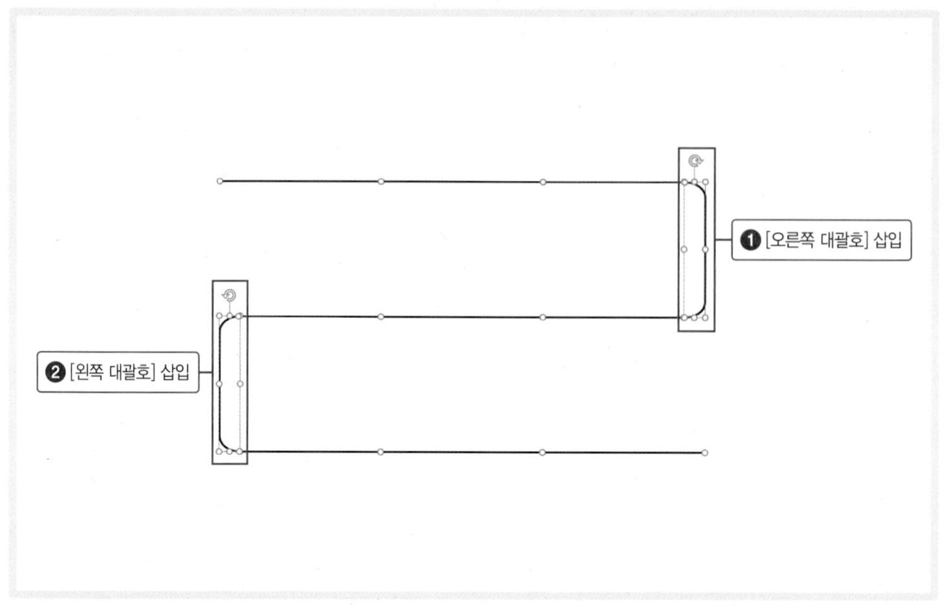

① [삽입] - [도형] - [오른쪽 대괄호]를 삽입하고 첫 번째 선과 두 번째 선에 맞춰 배치합니다.

② 같은 방법으로 [왼쪽 대괄호]를 삽입한 다음 두 번째 선과 세 번째 선에 맞춰 배치해 주세요.

개체를 보기 좋게 정렬하는 방법은 25쪽을 참고하세요.

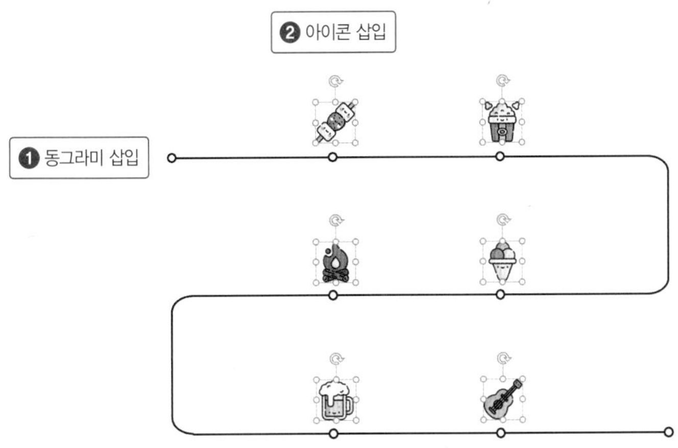

• • •

① 프로세스의 각 단계에 해당하는 위치에 동그라미를 삽입합니다.

② 단계별 동그라미 위에 적절한 아이콘도 삽입해 주세요. 여기서는 'Flaticon.com'에서 무료로 내려받은 귀여운 PNG을 삽입했습니다.

무료 아이콘 활용에 대한 자세한 내용은 181쪽을 참고하세요.

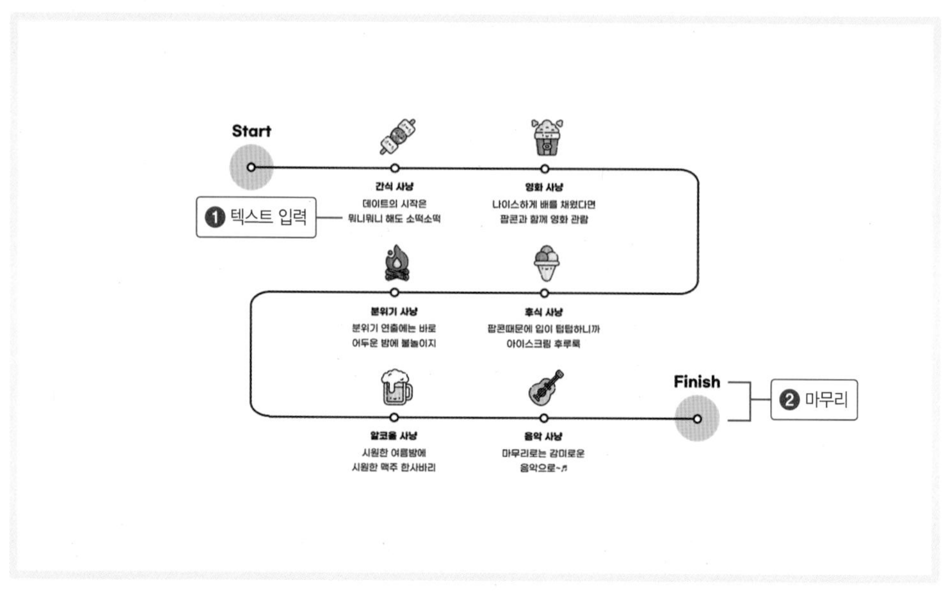

• • •

① 각 단계에 텍스트 상자를 삽입하고 원하는 텍스트를 입력합니다. 삽입한 아이콘과 도형, 텍스트 상자를 보기 좋게 정렬해 주세요.

② 시작과 끝에 해당하는 위치에 동그라미를 넣고 포인트 색을 넣어주면 나이스한 스케줄 프로세스 디자인 완성!

텍스트를 나이스하게 강조하는 방법은 42쪽을 참고하세요.

실습

02 큰형님에게 무조건 칭찬 받는 아이콘 활용 도식화 치트키

빽빽하게 텍스트만 입력하는 것보다 주요 키워드와 어울리는 아이콘을 넣어주면 훨씬 효과적인 피피티를 만들 수 있습니다. 따라 하기만 하면 큰형님에게 칭찬받는 멋진 아이콘 도식화 방법 세 가지를 알려줄게요!

아이콘으로 완성하는 도식화 치트키 1

텍스트와 함께 깔끔한 아이콘을 배치하면 아이콘에 먼저 시선이 갑니다. 그리고 아이콘과 자연스럽게 배치된 텍스트로 시선이 이어진다면 단순한 표현만으로도 극적인 효과를 얻을 수 있습니다. 그럼 나이스한 아이콘 도식화 디자인을 함께 만들어 보겠습니다.

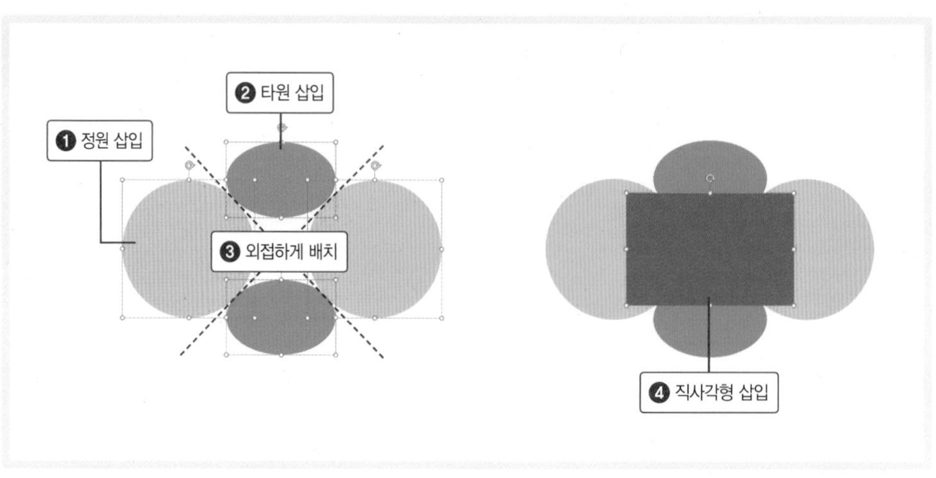

① 그림과 같이 수평선상에 정원을 두 개 삽입합니다.

② 이번에는 수직선상에 타원을 두 개 삽입합니다.

③ 삽입한 네 개의 동그라미는 서로 외접하게 배치해 주세요.

④ 외접하게 배치한 동그라미의 여백을 모두 덮을 수 있는 직사각형을 삽입합니다.

[삽입] - [도형] - [타원]을 차례대로 선택한 다음 Shift를 누른 상태에서 클릭, 드래그 하면 정원을 삽입할 수 있어요.

정렬 방법에 대한 자세한 내용은 25쪽을 참고하세요.

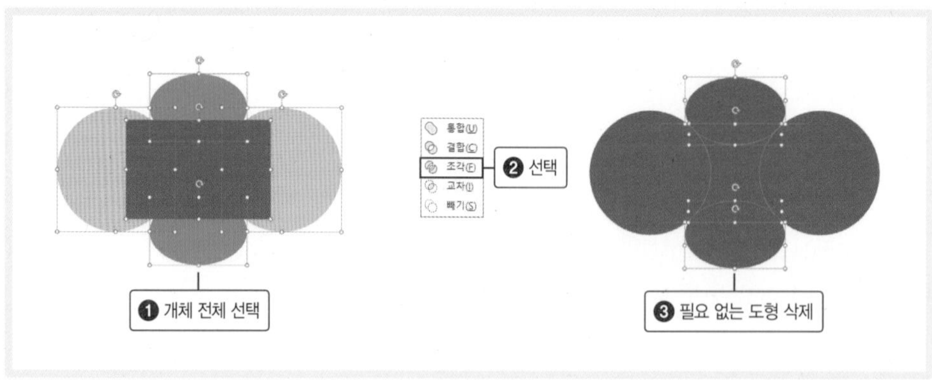

① 삽입한 도형을 모두 선택합니다.
② [도형 서식] – [도형 병합] – [조각]을 선택합니다.
③ 조각난 도형 중 사용하지 않는 도형은 모두 삭제해 주세요.

도형 서식의 [윤곽선 없음]을 설정하면 깔끔한 결과물을 얻을 수 있습니다.

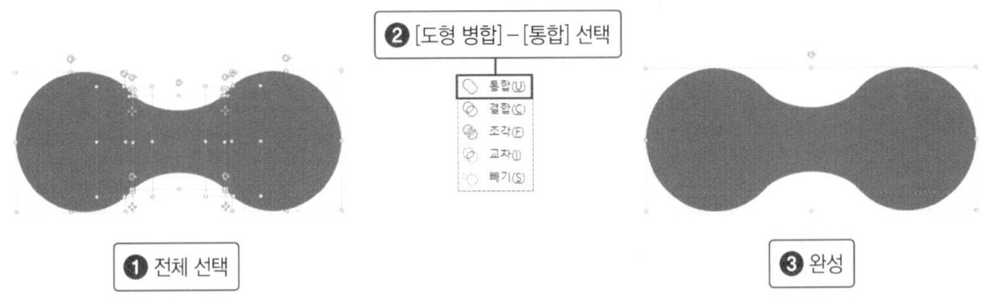

• • •

① 남겨진 도형을 모두 선택합니다.
② [도형 서식] – [도형 병합] – [통합]을 선택해 하나의 도형으로 합쳐주세요.
③ 기본 도형이 완성됐습니다.

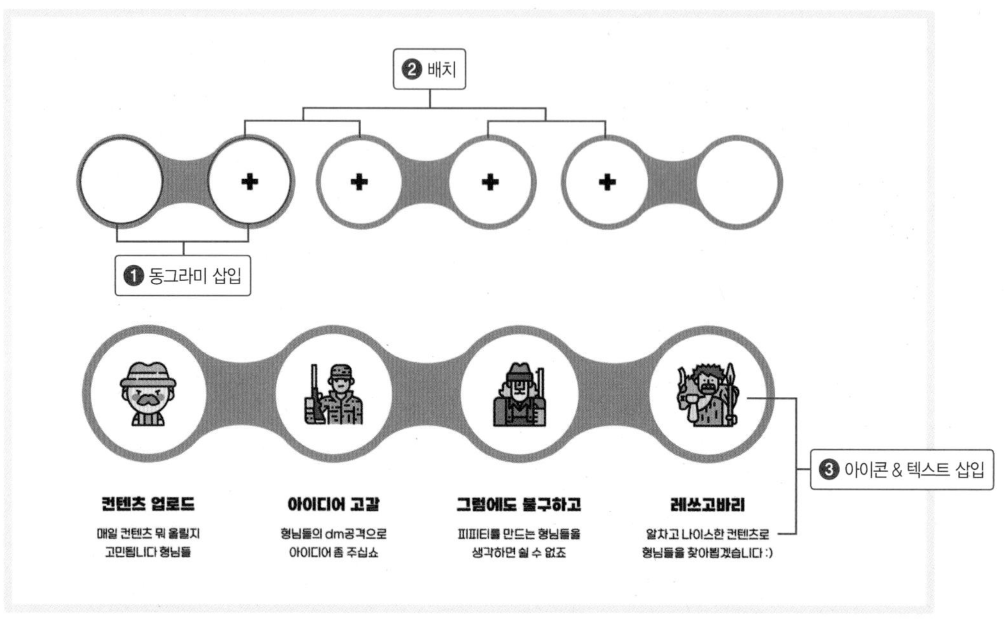

① 완성된 도형 위에 동그라미 두 개를 삽입합니다.

② 조합한 도형을 모두 선택한 다음 그림과 같이 배치합니다.

③ 이렇게 완성된 도형에 텍스트와 아이콘까지 나이스하게 삽입하면 완성!

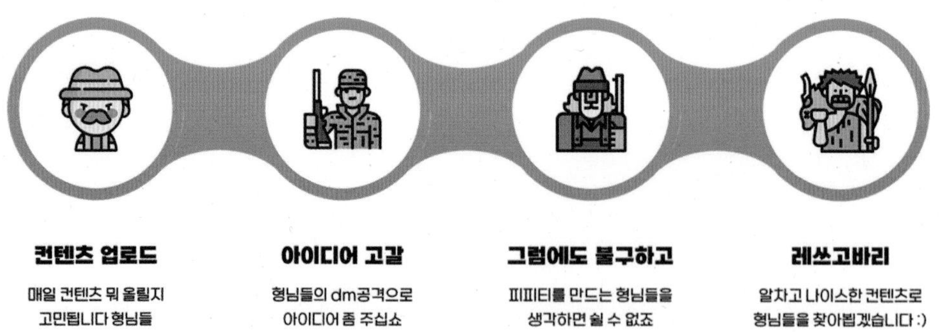

컨텐츠 업로드

매일 컨텐츠 뭐 올릴지
고민됩니다 형님들

아이디어 고갈

형님들의 dm공격으로
아이디어 좀 주십쇼

그럼에도 불구하고

피피티를 만드는 형님들을
생각하면 쉴 수 없죠

레쓰고바리

알차고 나이스한 컨텐츠로
형님들을 찾아뵙겠습니다 :)

피피티에 사용한 강조색이 2개 이상일 경우 강조색을 활용해 그라데이션 효과를 주면 피피티가 더욱 풍성해지는 효과가 있다는 사실!

아이콘으로 완성하는 도식화 치트키 2

김사랑 아리랑 쓰리랑
해신탕 용봉탕

아리랑

아리랑 쓰리랑 김사랑
해수탕 별사탕

쓰리랑

쓰리랑 김사랑 아리랑
마라탕 감자탕

아이콘과 텍스트를 평범하게 나열하는 것에 싫증난 형님들을 위해 삼각김밥 모양의 귀요미st 아이콘 도식화 디자인도 준비했습니다. 함께 만들어 볼까요?

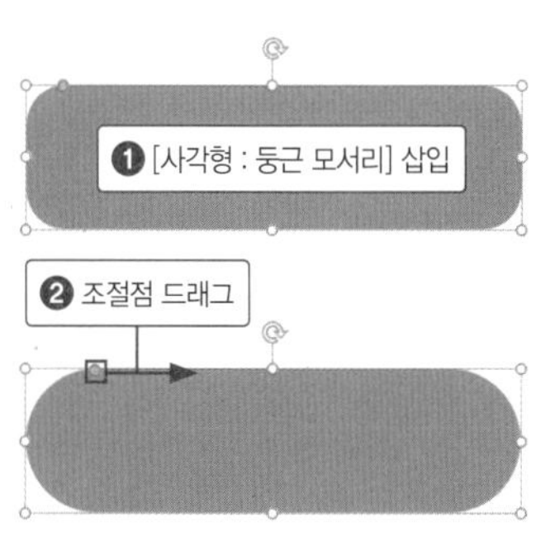

• • •

① [삽입] – [도형] – [사각형 : 둥근 모서리]를 차례대로 선택해 삽입해 주세요.

② 둥근 네모의 노란색 조절점을 드래그해 동그랗게 만들어 주세요.

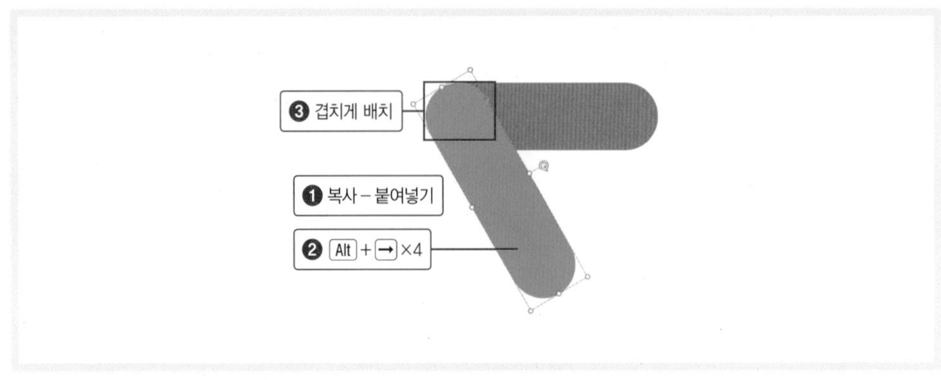

① 앞에서 완성한 둥근 네모를 복사, 붙여넣기합니다.

② 붙여 넣은 둥근 네모를 선택한 상태에서 Alt + →를 네 번 눌러 60° 회전시킵니다.

③ 두 개의 둥근 네모를 그림과 같이 겹쳐지도록 배치합니다. 이어지는 과정에서 도형 병합의 [빼기]로 편집할 것이므로 도형의 끝을 살짝 가리도록 배치하는 것이 좋습니다.

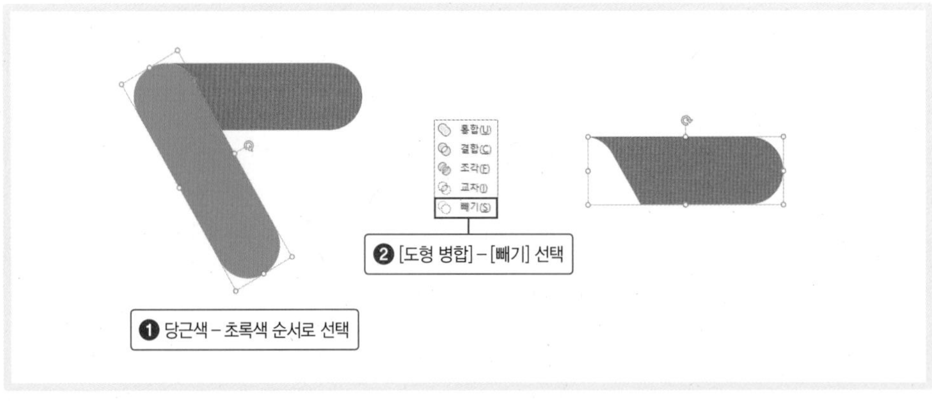

① Ctrl을 누른 상태에서 당근색 둥근 네모, 초록색 둥근 네모를 순서대로 클릭하여 다중 선택합니다.

② [도형 서식] – [도형 병합] – [빼기]를 차례대로 선택하면 겹쳐지지 않은 도형만 남겨집니다.

- Alt + ←, →를 한 번 누르면 개체를 15°씩 회전시킬 수 있습니다.
- Ctrl + 방향키를 이용하면 마우스로 조정하는 것보다 개체를 수월하게 이동시킬 수 있어요.
- [도형 병합]의 [빼기]는 도형을 선택한 순서에 따라 결과가 달라지므로 선택 순서를 바꿔가며 실습하면 쉽게 이해할 수 있을 거예요.

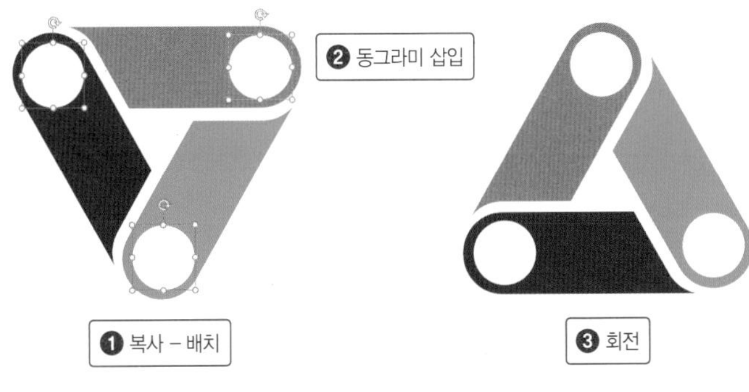

① 빼기로 완성한 도형을 두 개 복사(Ctrl + C), 붙여넣기(Ctrl + V)한 다음 그림과 같이 배치하세요.

② 동그라미를 삽입한 다음 ①의 각 도형에 배치합니다.

③ 모든 도형을 그룹화(Ctrl + G)한 다음 꼭짓점이 위를 향하게 회전시켜 주세요.

[둥근 사각형]과 동그라미를 모두 선택한 다음 [개체 가운데 정렬]을 선택하면 보기 좋게 정렬할 수 있습니다.

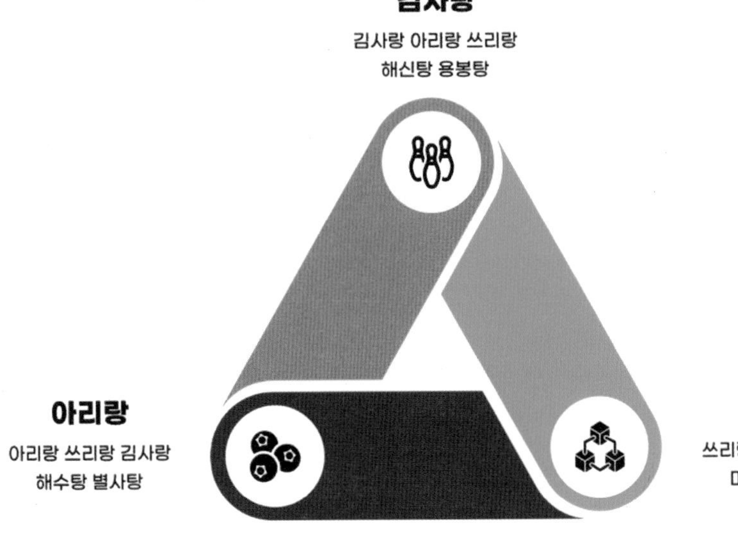

마무리입니다. 이제 각 도형에 적절한 아이콘을 삽입하고 제목과 본문 텍스트를 삽입하면 완성!

아이콘으로 완성하는 도식화 치트키 3

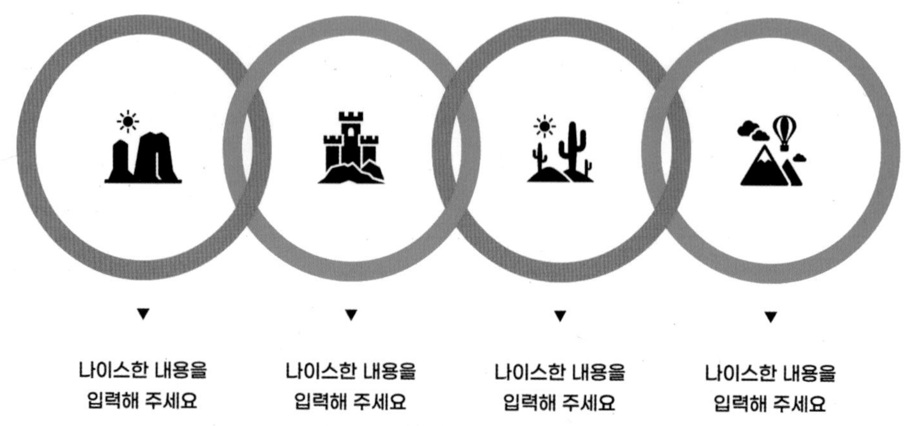

아이콘과 텍스트에 시선이 집중되는 아이콘 도식화 디자인을 함께 만들어 볼게요.

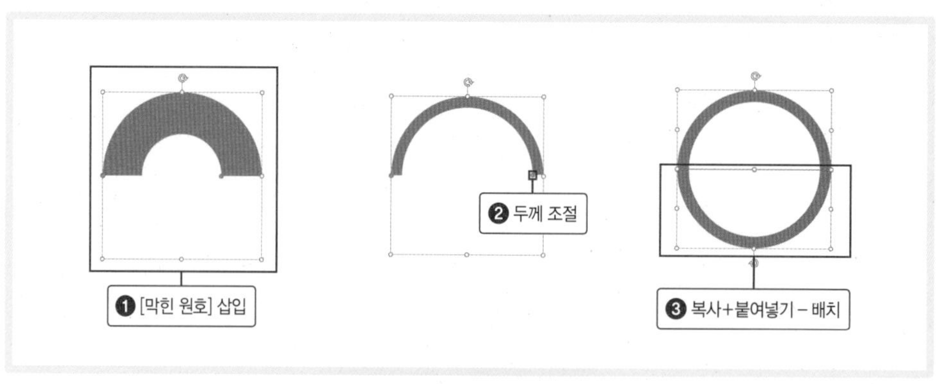

• • •

① [삽입] – [도형] – [막힌 원호]를 삽입합니다.

② 삽입한 도넛의 노란색 점을 드래그해서 원호의 두께를 조절해 주세요.

③ 두께를 조절한 원호를 복사해서 아래쪽에 이웃하게 배치해 동그라미 형태로 만들어 주세요.

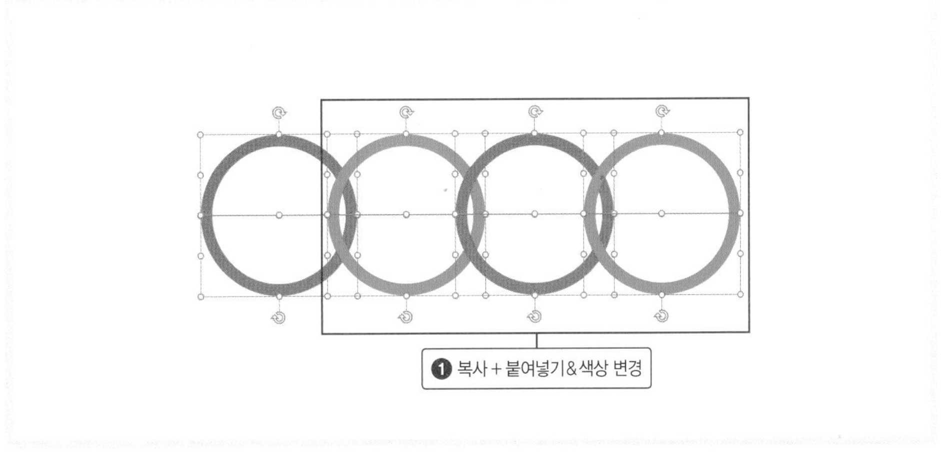

•••

ⓠ 조합한 동그라미를 선택한 다음 Ctrl + Shift를 누른 상태에서 드래그해 수평선상에 배치하고 색상을 변경합니다.

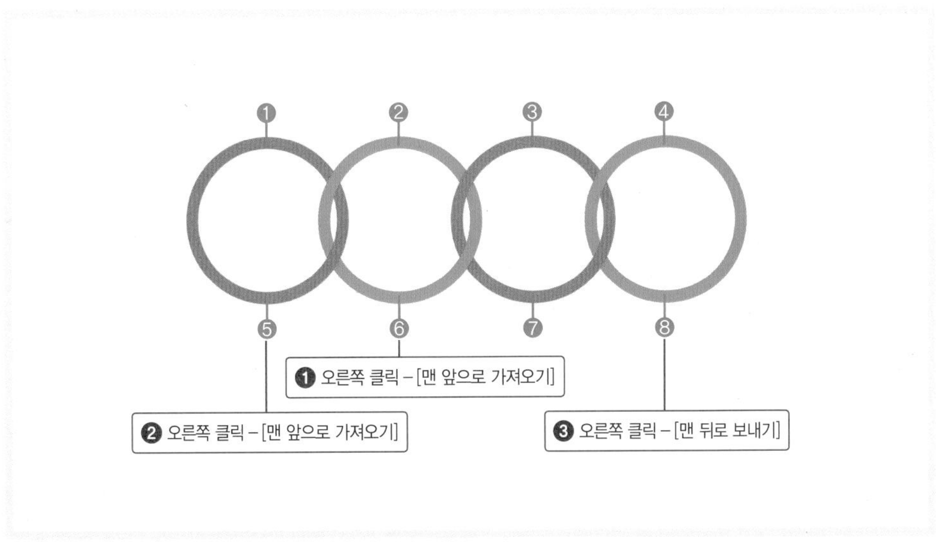

•••

ⓠ 원이 서로 교차하는 듯한 느낌을 주기 위해 ❻번 도형을 맨 앞으로 가져온 다음 ❺번 도형을 맨 앞으로 가져옵니다. 이어서 ❽번 도형을 맨 뒤로 보내주세요.

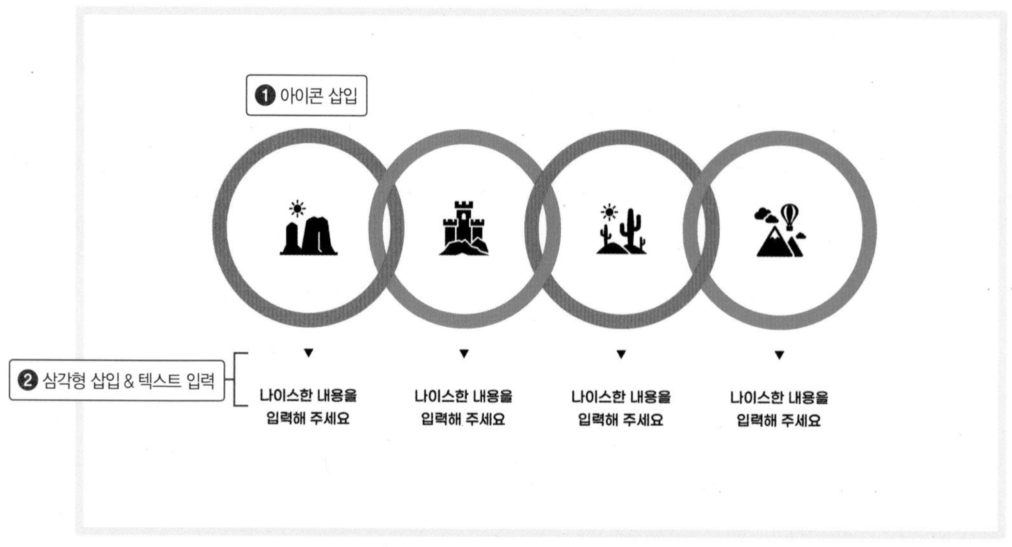

① 각 원의 가운데에 적합한 아이콘을 삽입합니다.

② 원의 아래 삼각형과 텍스트를 입력하면 아이콘과 텍스트가 깔끔하게 들어간 아이콘 도식화 완성!

이론

03 무료 아이콘 다운로드 사이트 사냥

피피티 좀 하는 형들은 무조건 아이콘을 사용합니다. 단순한 아이콘이 아니라 피피티 주제와 찰떡궁합인 아이콘을 사용하죠. 그럼 이런 아이콘은 어디서 다운로드할 수 있을까요? 여기서는 무료 아이콘 사이트와 간단한 사용 방법에 대해 알아보겠습니다.

아이콘st

아이콘의 테두리와 색상에 따라 피피티의 전반적인 분위기가 달라집니다. 특별히 고민할 건 없습니다. 피피티의 주제나 청중에 맞춰 가장 어울리는 아이콘을 사용하기만 하면 됩니다. 어떤 아이콘이 어떤 주제와 어울리는지 모르겠다면 사냥꾼이 구분한 종류에 따라 활용해 보세요.

- 윤곽선 + 예쁜색st : 캐주얼한 분위기의 아이콘! 진지한 주제의 피피티에는 어울리지 않아요.
- 그냥 예쁜색st : 호불호가 없어 가장 흔하게 사용할 수 있는 아이콘입니다.
- 그냥 윤곽선st : 어떤 주제의 피피티에도 임팩트 있게 사용하기 좋은 아이콘입니다.
- 그냥 검정색st : 테두리가 없어 가독성이 떨어지지만 분위기 내기에는 좋은 아이콘입니다.

플랫아이콘

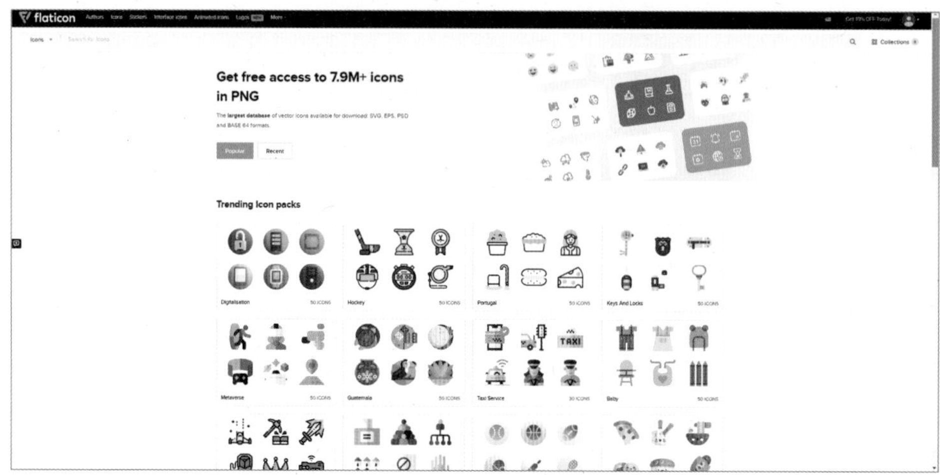

'플랫아이콘(www.flaticon.com/kr/)'은 가장 유명한 아이콘 다운로드 사이트답게 제공하는 아이콘도 굉장히 많습니다. 다양한 아이콘을 구경하다 보면 자연스럽게 색감 활용법도 공부할 수 있죠. 플랫아이콘은 아이콘 사이트계의 큰형님이라고 할 수 있습니다.

아이콘파인더

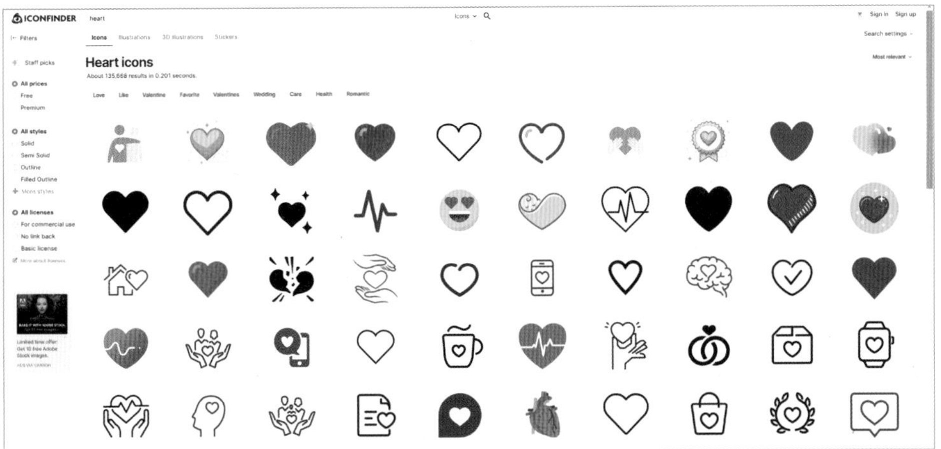

트렌디한 아이콘을 찾고 있다면 '아이콘파인더(www.iconfinder.com)'를 추천합니다. '사랑(Heart)'을 검색했는데 뻔하고 촌스러운 아이콘은 하나도 없고 검색된 모든 아이콘에서 트렌디한 냄새가 납니다. 아이콘파인더도 제가 너무 사랑하는 아이콘 사이트입니다.

SVG REPO

'SVG REPO(www.svgrepo.com)'는 사이트 이름답게 'SVG' 형식의 아이콘을 제공하는 사이트입니다. 'SVG'는 'Scalable Vector Graphics'의 약자로 확대/축소해도 손상이 없는 파일 형식

입니다. 'SVG REPO'에서 제공하는 아이콘 역시 종류도 많고 퀄리티도 높죠. 아직 많이 알려지지 않은 사이트로 우리 형들에게만 알려주는 선물인거 RG?

더 노운 프로젝트

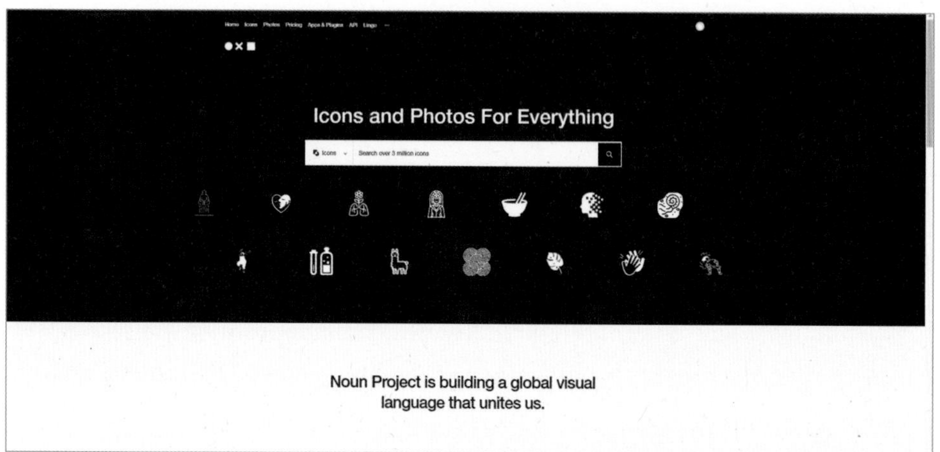

'더 노운 프로젝트(www.thenounproject.com)'는 감성 전문 흑백 아이콘 사이트입니다. 'Noun(명사)'이라는 정직한 사이트 이름에서도 알 수 있듯이 알록달록한 아이콘을 선호하지 않을 것 같은 보수적인 기업에서도 사용할 수 있는 흑백 아이콘이 많은 사이트입니다. 예쁜 색감의 아이콘이 아닌 단순명료한 아이콘이 필요할 때 더 노운 프로젝트를 활용해 보세요.

아이콘! 이렇게 활용하세요

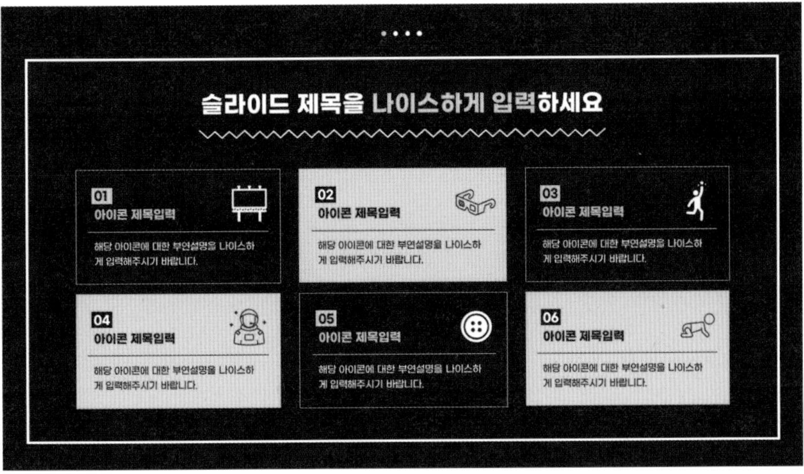

아이콘을 잘 활용하면 슬라이드의 설명 글을 모두 확인하지 않아도 슬라이드를 보는 순간 주요 키워드를 빠르게 이해할 수 있습니다. 위에서 아래로, 왼쪽에서 오른쪽으로 흐르는 시선을 따라 키워드와 관련된 아이콘을 배치하면 피피티를 만든 사람의 의도가 더 뚜렷하게 전달되겠죠?

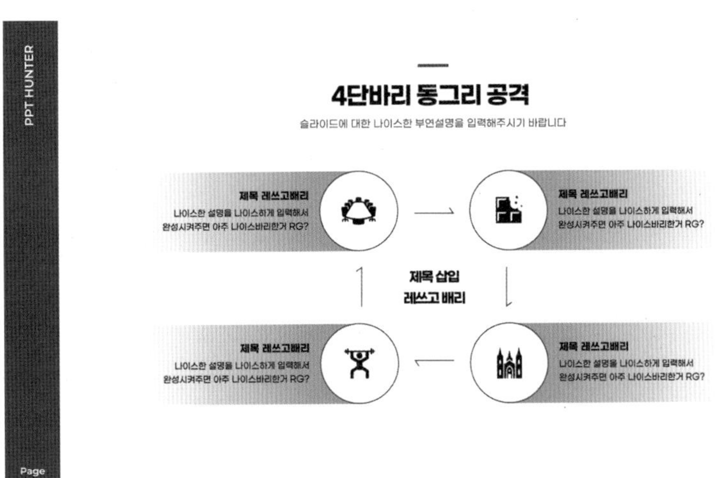

위 슬라이드는 단순하게 주요 키워드를 나열했지만 시선의 흐름에 따라 아이콘을 배치해 주요 키워드에 대한 이해를 돕고 있습니다. 이렇게 키워드와 함께 적절한 아이콘을 배치한다면 전달하고자 하는 키워드의 인지력을 높일 수 있겠죠? 형들도 아이콘을 나이스하게 활용해 보세요.

이론

04 무료 고화질 사진 다운로드 사이트 사냥

백 마디 말보다 제대로 된 사진이 낫다는 건 형들도 잘 알고 있을 거라 믿습니다. 그럼 도대체 제대로 된 사진은 어디서 받아야 되는지 고민하는 형들을 위해 준비한 초 고퀄리티 무료 사진을 다 운받을 수 있는 사이트를 소개합니다.

픽사베이

픽사베이(www.pixabay.com)는 고퀄리티 사진 축제의 장이라고 할 수 있는 사이트입니다. 사냥꾼이 가장 애용하는 사이트 중 하나이기도 하죠. 수많은 사진을 무료로 사용할 수 있다는 사실만으로도 너무 감사한 사이트입니다. 픽사베이 형님이 언제 이 좋은 서비스를 유료로 전환할지 모르니 무료일 때 무한으로 사용해야겠죠?

언스플래시

'언스플래시(www.unsplash.com)' 역시 고퀄리티 사이트입니다. 언스플래쉬는 특히나 감성적인 사진이 많으므로 피피티에 감성 사진이 필요한 순간 형들에게 굉장히 나이스한 사이트겠죠? 다양한 검색어로 적절히 검색한다면 피피티의 퀄리티와 함께 감성이 더해질 거예요.

펙셀스

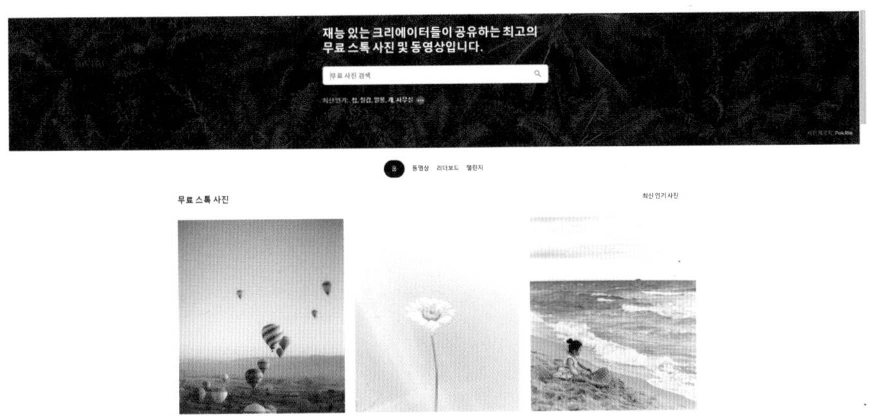

'펙셀스(www.pexels.com/ko-kr)'는 무료 사진뿐만 아니라 영상까지 다운로드할 수 있는 사이트입니다. 앞서 소개한 사이트에 비해 해상도 높은 사진을 찾는 데 좀 더 많은 시간을 할애해야 할 수 있지만 영상도 무료로 다운로드할 수 있으므로 피피티에 적절한 영상이 필요하다면 잊지 말고 사용해 보세요.

이론

05 내가 원하는 사진을 사냥하는 방법

잘 고른 사진 한 장은 백 마디 말보다 큰 효과가 있습니다. 여기서는 형님들 피피티의 주제에 적절한 사진을 찾는 방법과 이렇게 찾은 사진을 제대로 활용하는 방법에 대해 알아볼게요!

내가 원하는 콘셉트 사진을 사냥하는 방법

첫 번째	두 번째	세 번째
고화질 이미지	사진 **비율 유지**	**단순한 색감**사진

네 번째	다섯 번째	여섯 번째
여백이 많은 이미지	**유사한** 이미지 활용	**톤앤매너** 유지

원하는 콘셉트의 사진을 사냥할 때 다음 여섯 가지 공식을 따른다면 피피티에 딱 맞는 사진을 사냥할 수 있습니다. 무작정 예쁜 사진만 찾지 말고 공식을 따라 찾아보세요. 훨씬 수준 높은 피피티를 완성할 수 있을 거예요.

첫 번째 공식, 고화질 사진

사진은 무조건 고화질 사진을 사용하세요. 고화질 사진을 사용하면 피피티를 보는 사람에게 신뢰를 줄 수 있고 피피티의 퀄리티까지 높일 수 있습니다. 뿐만 아니라 사진 중 일부 영역을 사용하기 위해 확대하기에도 유용하죠.

두 번째 공식, 사진 비율 유지

사진의 확대/축소 시, 사진 고유의 비율을 유지해 주세요. 사냥한 사진이 슬라이드 비율에 맞지 않다고 사진 고유의 비율을 무시한 채로 확대하거나 축소하면 신뢰도도 일그러지는 거 RG? 사냥한 사진은 꼭 고유 비율을 유지한 채 확대/축소하세요.

사진의 꼭짓점을 드래그하면 고유 비율을 유지한 상태에서 사진의 크기를 조절할 수 있습니다.

세 번째 공식, 단순한 색감 사진

피피티에는 단순한 색감의 사진을 사용하세요. 화려한 색으로 구성된 사진을 사용하면 본문 내용보다 사진에만 시선이 집중될 수 있습니다.

사진은 화려한 사진보다는 단순한 색감의 사진을 사용하세요!

네 번째 공식, 여백 많은 사진

여백이 충분한 사진을 사용하세요. 여백이 많은 사진은 텍스트와 조합해 사용하기 좋습니다. 특히, 사진의 공간에 텍스트를 입력하면 감성 넘치고 임팩트 있게 내용을 전달할 수 있습니다.

다섯 번째 공식, 유사한 사진 활용

피피티에 한 개 이상의 사진을 사용해야 한다면 유사한 분위기의 사진을 활용하세요. 위 사진은 예쁘지만 제각각으로 연관성이 없습니다. 피피티와 유사한 콘셉트의 사진을 사용하면, 전달하려는 내용과 사진을 연관 지어 내용을 쉽게 이해하고 오래 기억하게 할 수 있습니다.

위의 사진을 보면 직장인, 직장이라는 키워드가 연상됩니다. 이렇게 유사한 키워드를 연상할 수 있는 사진을 사용하면 피피티의 일관성을 유지하는 데 유리합니다.

여섯 번째 공식, 톤 앤 매너 유지

톤 앤 매너(Tone and manner)는 색감이나 색상 또는 사진의 표현법으로, 전반적인 분위기를 의미합니다. **일관성 있는 사진을 사용하면 피피티 전체의 톤 앤 매너를 유지할 수 있으므로 피피티에 대한 일관성과 신뢰도를 높일 수 있습니다.** 이것이 바로 고퀄 피피티를 만드는 지름길이죠!

실습

06 사냥한 콘셉트 사진을 제대로 활용하는 방법

앞서 알아본 공식에 따라 사냥한 사진을 어떻게 활용하면 좋을까요? 이번에는 어렵게 사냥한 콘셉트 사진을 제대로 활용하는 방법에 대해 알아보겠습니다. 피피티에 사진을 사용할 때 다음과 같은 분할점을 염두하세요.

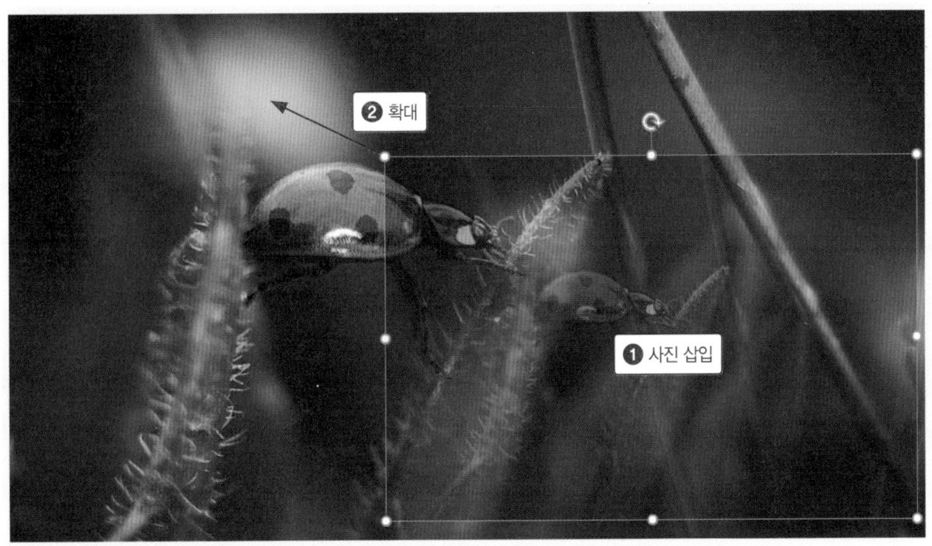

① 피피티 주제에 맞는 사진을 하나 사냥한 다음 [삽입] – [그림]을 선택해 사냥한 사진을 삽입합니다.

② 삽입한 사진 중 피피티에 사용할 영역을 고유 비율을 유지한 채 충분히 확대합니다.

- 무료 사진을 다운로드 하는 방법은 186쪽을 참고하세요.
- 삽입한 사진의 꼭짓점을 드래그하면 고유 비율을 유지한 상태에서 사진의 크기를 조절할 수 있습니다.

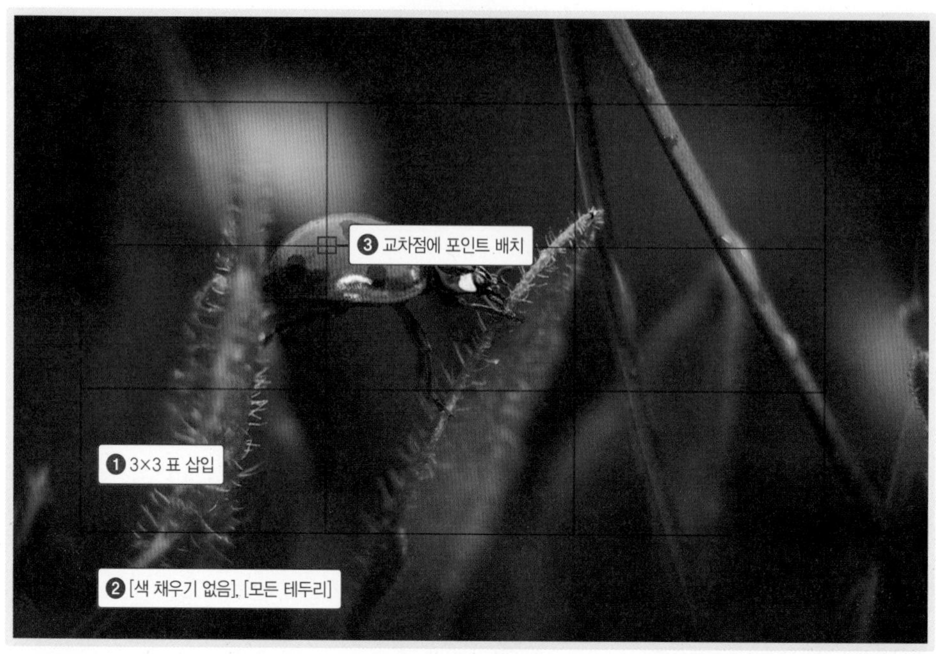

• • •

① [삽입] – [표]를 차례대로 선택해 3×3 표를 삽입한 다음 표를 슬라이드 크기에 맞춰 확대합니다.

② [테이블 디자인] – [음영] – [색 채우기 없음], [테두리] – [모든 테두리]를 차례대로 선택해 표의 윤곽선만 남도록 변경합니다.

③ 삽입한 표의 교차점에 맞춰 사진의 포인트인 무당벌레를 배치해 주세요.

이렇게 표의 교차점에 사진의 주요 포인트를 배치해야 하는 이유는 무엇일까요? 위의 그림은 3×3 교차점을 고려하지 않고 배치한 이미지로 구도적으로 안정감이 떨어져 보입니다.

하지만 위의 그림은 3×3 교차점에 사진의 포인트를 배치한 것으로 이렇게 사진을 3×3 교차점에 배치하면 안정감 있는 구도를 만들 수 있습니다. 사진의 포인트를 3×3 교차점에 배치하면 더욱 안정감 있고 멋진 슬라이드를 완성할 수 있어요.

- 직장인 템플릿 만들기
- 직장인 템플릿 레이아웃 구성
- 일상 템플릿 만들기
- 일상 템플릿 레이아웃 구성
- 강의용 템플릿 만들기
- 강의용 템플릿 레이아웃 구성
- 공모전용 템플릿 만들기
- 공모전용 템플릿 레이아웃 구성

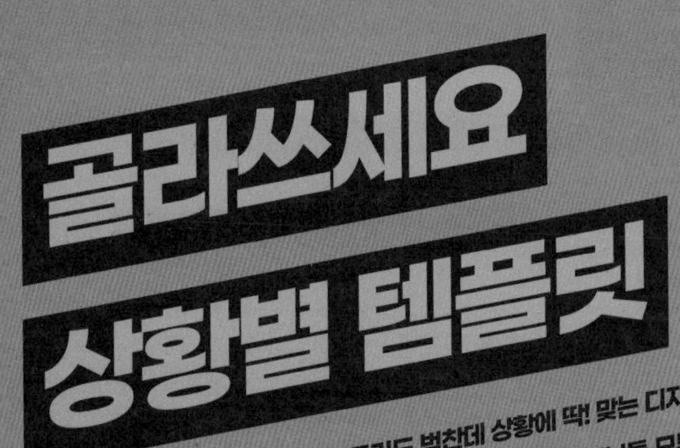

피피티에 넣을 내용을 정리하고 다듬기도 벅찬데 상황에 딱! 맞는 디자인까지 고민하기 버겁다면 그 고민 바로 해결해 줄게요. 중/고등학생, 대학생, 직장인, 사업자 형님들 모두 일단 한 번 나이스하게 따라하기 레쓰고바리!

실습

01 직장인 템플릿 만들기

직장인 형들은 피피티 디자인에 최대한 힘을 뺀, 꾸안꾸 템플릿이 필수죠? 직장 내 지정 템플릿이 있다면 고민할 필요도 없겠지만 그렇지 않다면 최소 3년은 두고두고 돌려쓸 수 있는 템플릿을 만들 수 있도록 도와줄게요.

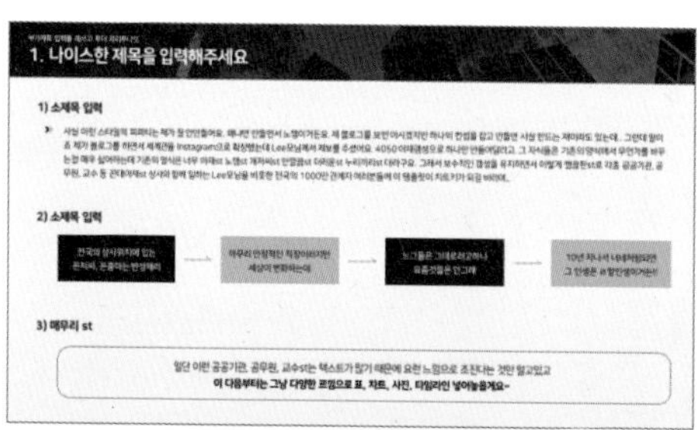

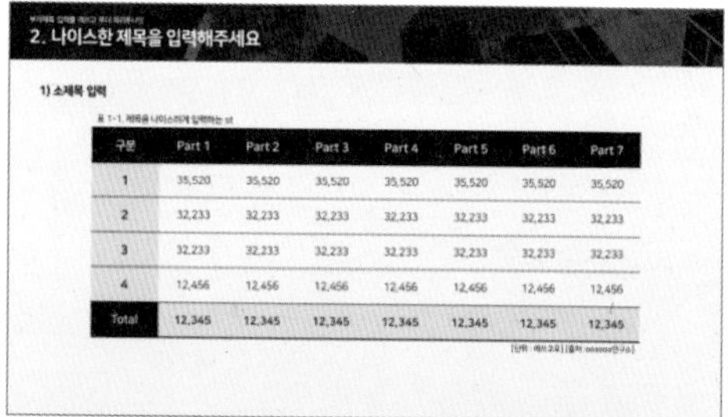

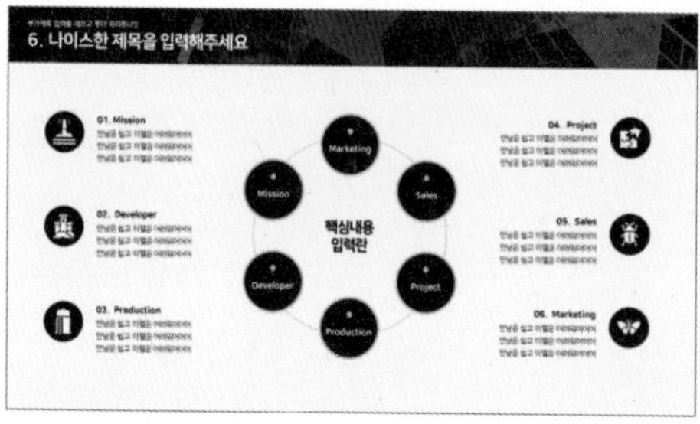

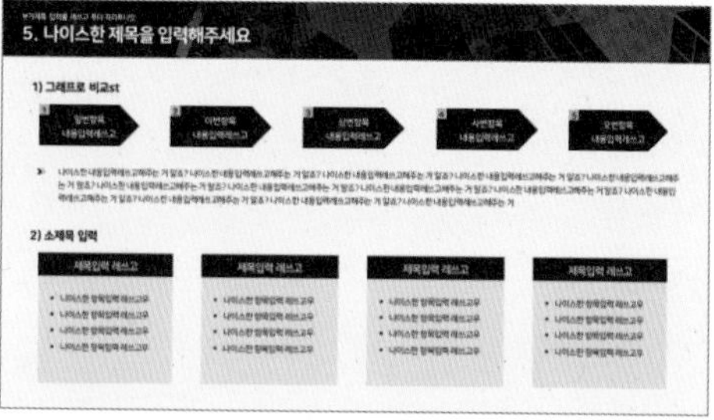

직장인 템플릿은 제가 만든 게 Best of Best라고 확신합니다. 다음의 템플릿을 활용해 각 슬라이드를 구성한다면 회사의 큰형님께 극찬을 받을 수 있을 거예요.

• • •

① 피피티 주제와 어울리는 사진을 삽입하고 슬라이드와 같은 크기로 변경!

② 직사각형도 하나 삽입해 주세요. 삽입한 네모는 적당한 크기로 조절한 다음 ①에서 삽입한 이미지 중 가장 마음에 드는 부분에 배치합니다.

- 상업적으로 이용할 수 있는 사진 다운로드 사이트에 대한 내용은 186쪽을 참고하세요
- 네모를 배치한 부분을 잘라 슬라이드 위에 배치할 것이므로 이미지의 특성이 잘 드러나는 부분에 도형을 배치하세요.

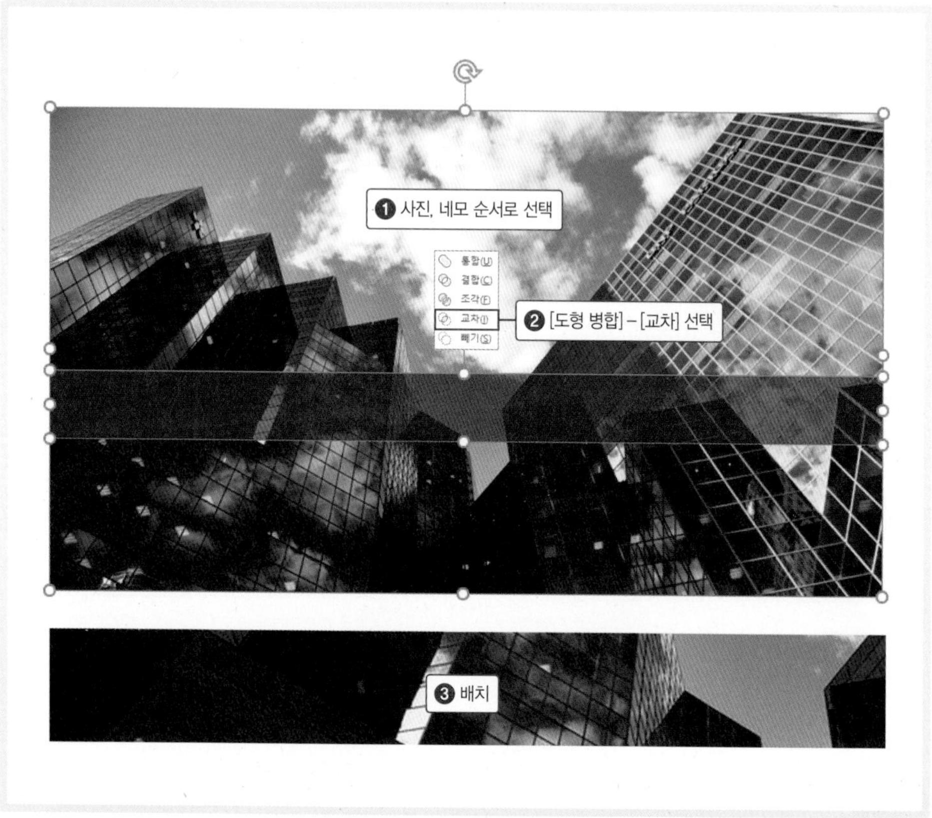

❶ 사진, 네모 순서로 선택

❷ [도형 병합] – [교차] 선택

❸ 배치

① Ctrl을 누른 상태에서 사진, 네모의 순서로 클릭하여 다중 선택합니다.

② [서식] – [도형 병합] – [교차]를 차례대로 선택해 이미지와 도형이 교차하는 부분만 남깁니다.

③ ②로 남겨진 도형은 슬라이드 위쪽에 배치합니다.

사진만 남길 것이므로 네모가 사진보다 앞에 있어야 선택하기 쉽습니다. 도형 병합의 각 메뉴에 마우스 커서를 올려두면 병합 결과물을 확인할 수 있으니 참고하세요.

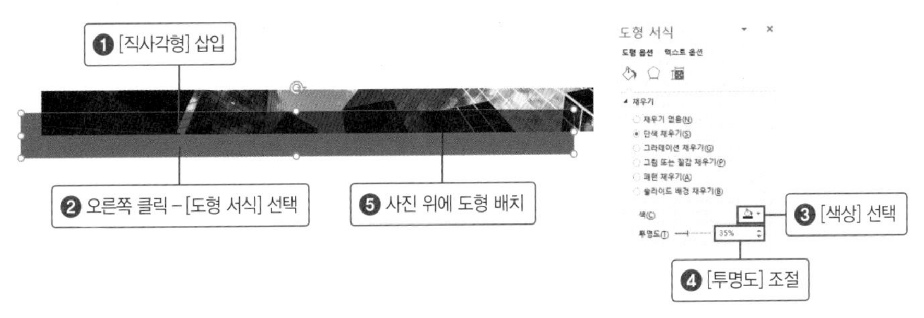

① [삽입] – [도형] – [직사각형]을 차례대로 선택해 도형을 삽입합니다.

② 삽입한 도형을 마우스 오른쪽으로 클릭한 다음 [도형 서식]을 선택합니다.

③ 도형 서식에서 [색상]을 변경합니다. 여기서는 직장인 국룰 남색을 사용했습니다.

④ [투명도]도 적절하게 조절해 주세요. 투명도는 30~50% 정도가 적절합니다.

⑤ 서식을 변경한 도형은 사진 위에 배치합니다.

① 같은 크기의 텍스트 상자를 삽입하고 제목과 설명 글을 입력하면 끝!

이론

02 직장인 템플릿 레이아웃 구성

이제 꾸안꾸 직장인 템플릿을 어떻게 활용할 수 있는지 알아볼게요. 레이아웃은 어떻게 구성하고 어떻게 활용해야 하는지 각 상황에 맞춰 예시와 함께 알려줄 테니 비슷하게 따라해 보세요. 작업 시간을 눈에 띄게 줄일 수 있을 거예요.

기본 레이아웃

나이스하게 키 메시지를 입력해주세요

슬라이드 제목을 입력해 주세요

1) 소제목을 입력해주시기 바랍니다

» 나이스한 본문의 내용을 입력해 주시기 바랍니다. 나이스한 본문의 내용을 입력해 주시기 바랍니다. 나이스한 본문의 내용을 입력해 주시기 바랍니다 나이스한 본문의 내용을 입력해 주시기 바랍니다. 나이스한 본문의 내용을 입력해 주시기 바랍니다. 나이스한 본문의 내용을 입력해 주시기 바랍니다. 나이스한 본문의 내용을 입력해 주시기 바랍니다. 나이스한 본문의 내용을 입력해 주시기 바랍니다. 나이스한 본문의 내용을 입력해 주시기 바랍니다. 나이스한 본문의 내용을 입력해 주시기 바랍니다.

가장 간단한 구성으로 분할 없이 슬라이드 전체를 활용할 수 있는 레이아웃입니다. 평범한 레이아웃이지만 가장 쉬워 보이고 또 클래식해서 깔끔한 느낌을 주는 레이아웃으로, 텍스트와 이미지로 조합된 내용일 때 나이스하게 활용할 수 있는 레이아웃입니다.

나이스하게 키 메시지를 입력해주세요

슬라이드 제목을 입력해 주세요

1) 소제목을 입력해주시기 바랍니다

구분	내용	비 고
서류심사	나이스한 서류심사의 과정을 나이스하게 설명해주시면 나이스하겠습니다	22년 11월 중 실시
1차 면접	나이스한 1차 면접의 과정을 나이스하게 설명해주시면 나이스하겠습니다	300명 대상으로 실시
2차 면접	나이스한 2차 면접의 과정을 나이스하게 설명해주시면 나이스하겠습니다	150명 대상으로 실시
임원 면접	나이스한 임원 면접의 과정을 나이스하게 설명해주시면 나이스하겠습니다	회사 핵심가치 관련 면접
AI 면접	AI 면접 특이사항 입력레쓰고바리	MBTI 검사
경영진 면접	큰 형님들 납신다 긴장해라	큰형님 인성평가
메타버스 면접	MZ세대들은 메타버스로 면접을 실시하기도 합니다	실무능력 평가

※ 특이사항 적어주는st 느낌RG?

이렇게 분할 없는 레이아웃에는 형들이 회사에서 가장 많이 사용하는 표를 넣을 때 빛을 발합니다. 표는 애매한 크기보다 전체 슬라이드 크기에 맞춰 크게 확대했을 때 훨씬 신경 쓴 인상을 줄 수 있어요. 슬라이드에 여백이 많으면 많다고 욕먹거든요.

가로 2분할 레이아웃

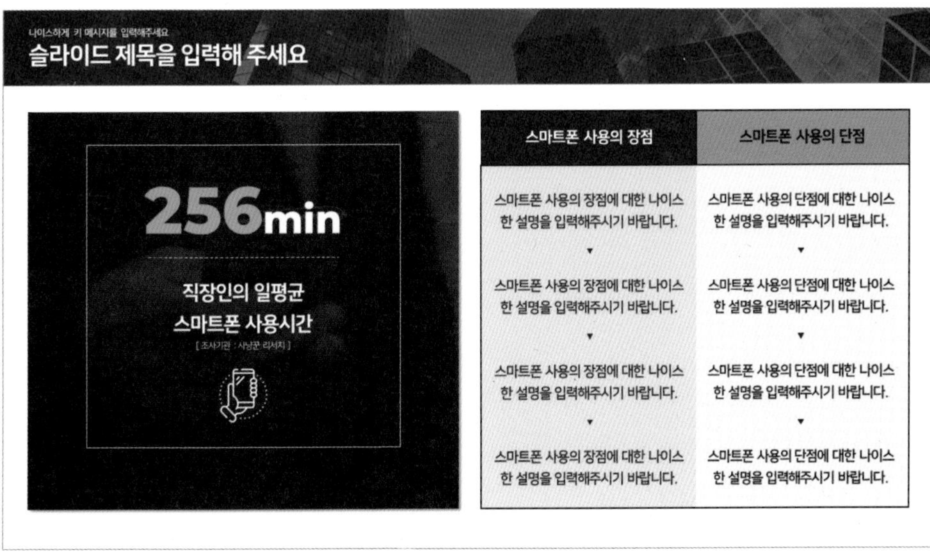

가로 2분할 레이아웃을 사용할 경우, 강조하고 싶은 내용이 있다면 왼쪽에 배치하세요. 시선은 위에서 아래로, 왼쪽에서 오른쪽으로 흐르므로 왼쪽에 강조하고 싶은 내용을 배치하는 것이 좋습니다.

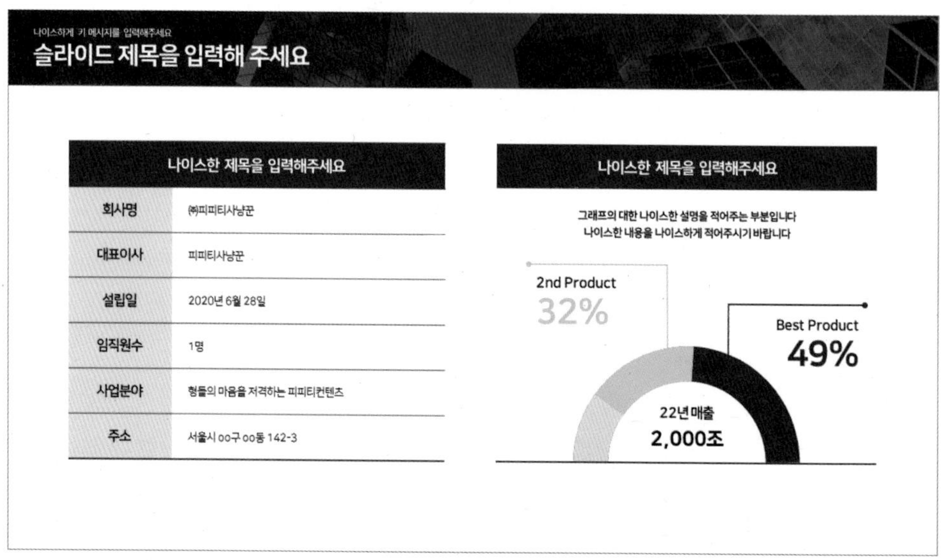

슬라이드의 오른쪽에는 왼쪽에 배치한 내용의 설명 글을 배치하면 가로 2분할 레이아웃의 슬라이드를 나이스하게 활용할 수 있을 거예요.

가로 3분할 레이아웃

가로 3분할 레이아웃은 주요 키워드를 나열할 때 활용하기 좋은 레이아웃입니다. 이 때 각 항목은 같은 크기와 여백으로 배치해야 깔끔함을 극대화할 수 있습니다.

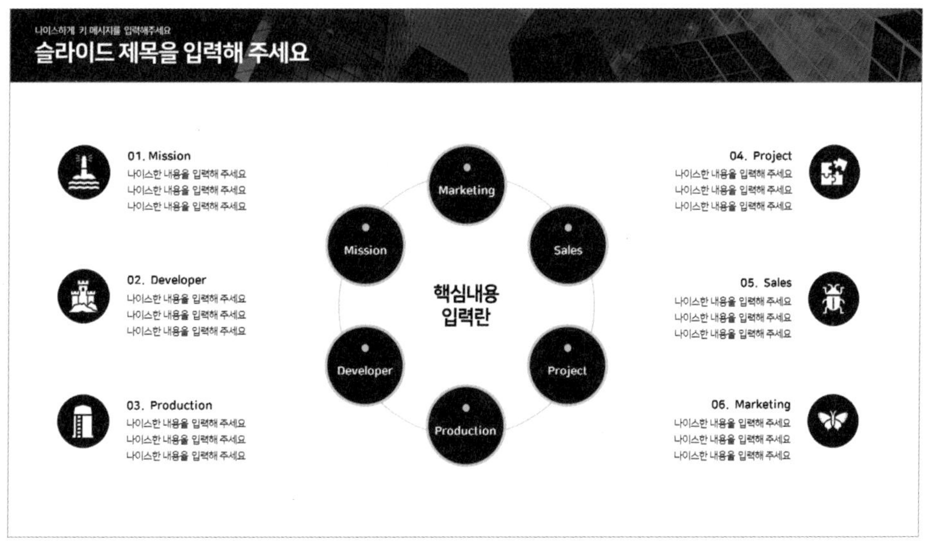

핵심 가치를 전달할 때 유용한 다이어그램도 3분할 레이아웃의 슬라이드를 활용해 보세요. 다이어그램을 슬라이드 가운데에 배치하고 양쪽에 관련 설명을 배치하면 레이아웃에 아주 찰떡입니다.

세로 2분할 레이아웃

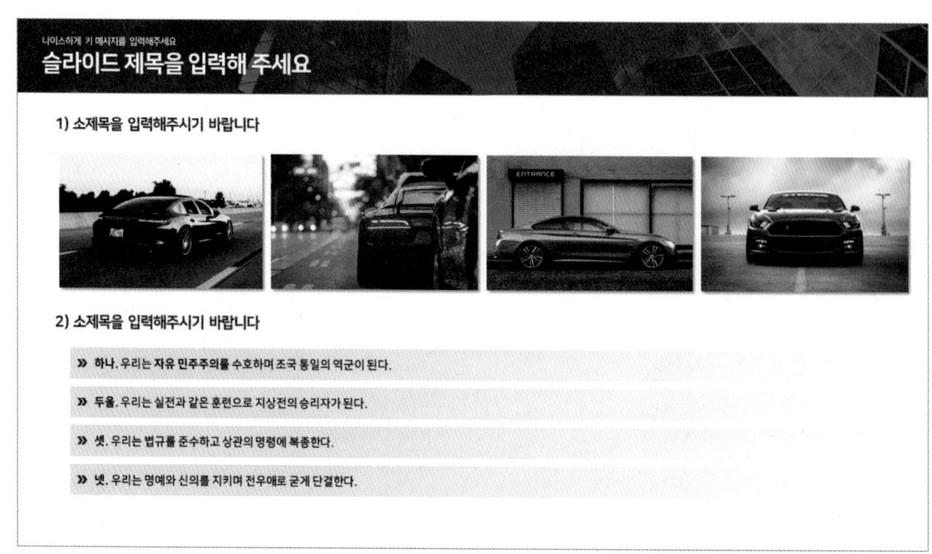

시선의 흐름을 따라 자연스럽게 슬라이드의 내용을 전달할 수 있으므로 기본 레이아웃과 함께 많이 활용되는 레이아웃입니다. 이때 역시 중요한 내용은 분할된 레이아웃 중 위쪽에 배치하세요. 텍스트를 먼저 제시하는 것보다 위쪽에 핵심 이미지를 제시하고 아래쪽에 이미지에 대한 설명을 정리하면 더욱더 효과적입니다.

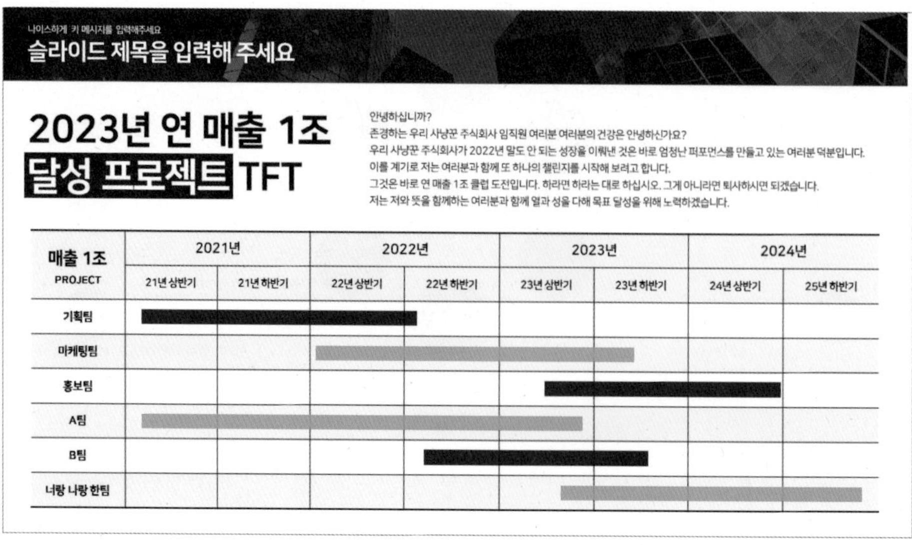

프로젝트의 일정표나 시간표를 가로 2분할 레이아웃에 정리한다면, 위쪽에 주요 내용을 큼지막한 키워드로 제시하고 아래쪽에 표나 일정을 배치해 보세요. 키워드를 먼저 제시했으므로 표나 일정을 더 쉽게 이해할 수 있을 거예요.

직장인 템플릿에 일정표를 삽입할 때는 좌우의 여백을 최소화해 주세요. 직장인 템플릿은 대체로 흰색 배경이므로 여백이 많을수록 큰형님도 눈치를 많이 주는 부분인 거 RG?

불규칙한 레이아웃

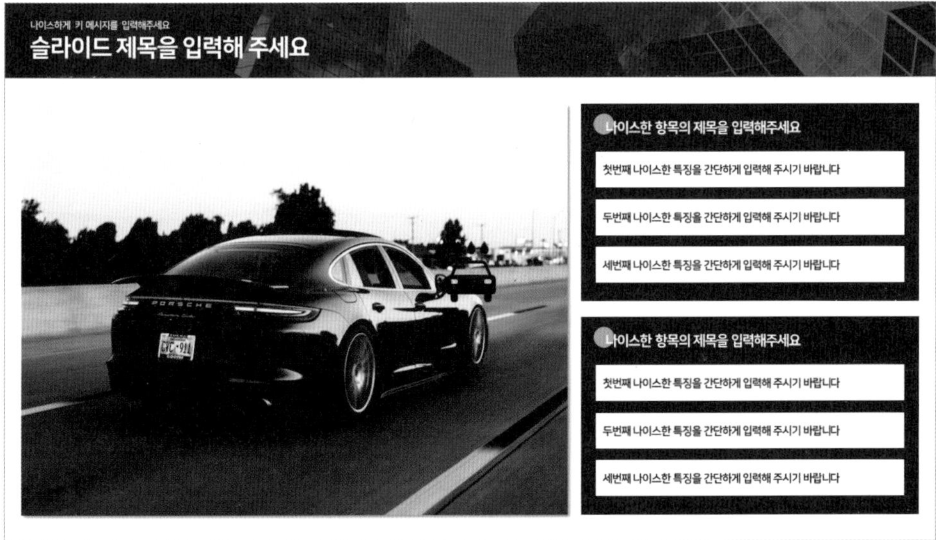

이번에는 불규칙한 분할 레이아웃 구성입니다. 슬라이드의 레이아웃을 구상할 때, 각각의 내용을 일정하게 유지할 수 없는 상황이라면 제시할 내용에 맞춰 그리드를 나누고 레이아웃을 구성해 보세요. 큰 틀에서 깔끔함을 유지할 수 있습니다.

불규칙한 레이아웃이지만 시선의 흐름을 고려하여 위쪽이나 왼쪽에 강조해야 하거나 중요한 내용을 배치하는 것은 달라지지 않습니다. 또한 이런 내용을 넓은 영역에 정리하고, 나머지 영역에 설명을 정리하면 설득력 있는 피피티를 완성할 수 있을 거예요.

실습

03 일상 템플릿 만들기

일상 템플릿은 제약이 많은 직장인 템플릿보다 디자인 요소나 색상을 자유롭게 사용할 수 있으므로 캐주얼하게 구상할 수 있습니다. 자유롭게 구상할 수 있어 만들기도 쉽고 여러 상황에서 활용할 수 있는 일상 템플릿에 대해 알아보겠습니다.

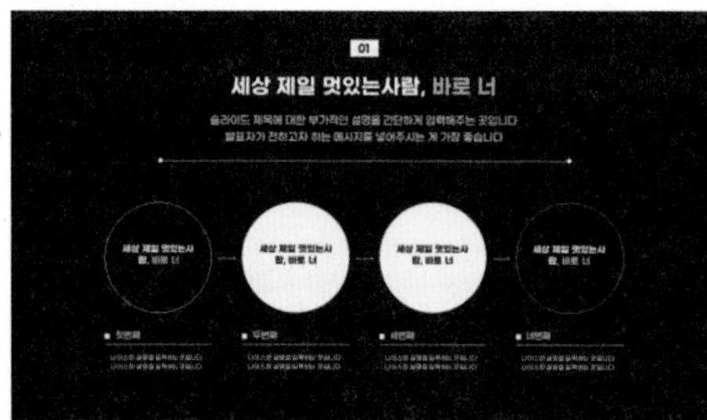

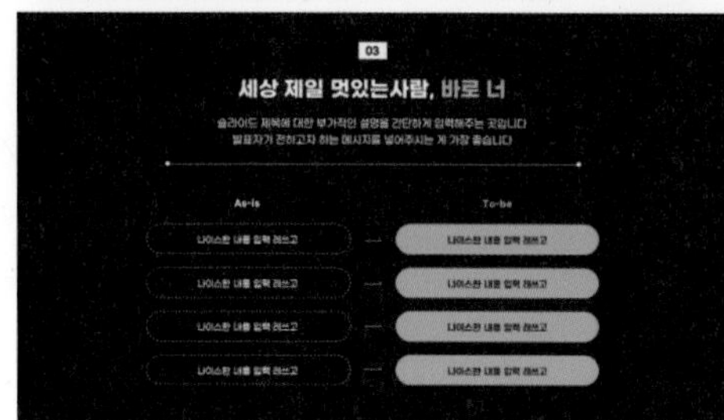

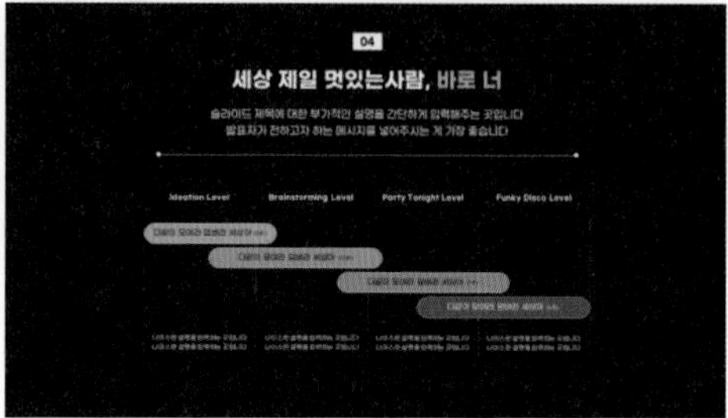

사냥꾼 시그니처 깔끔하고 임팩트 있는 일상템플릿 함께 만들어봐요!

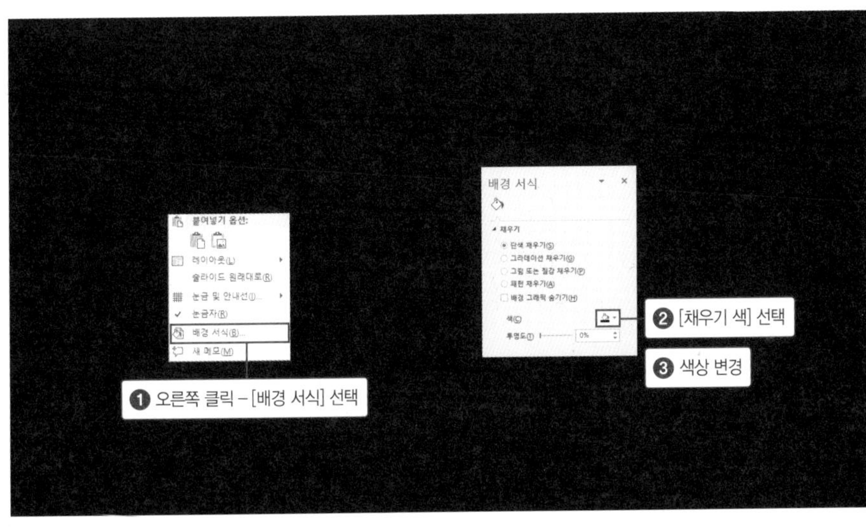

① 슬라이드의 빈 곳을 마우스 오른쪽 버튼으로 클릭한 다음 [배경 서식]을 선택합니다.

② 배경 서식의 [채우기 색]을 선택합니다.

③ 배경색을 센치한 느낌의 색상(R : 26, G : 20, B : 54)으로 변경해 주세요.

① 일상 템플릿인 만큼 디자인과 배치가 자유롭습니다. 하지만 시선의 흐름은 반드시 고려해야 해요. 여기서는 텍스트를 위쪽 가운데 정렬했습니다. 텍스트 색상은 슬라이드 배경 색상과 대조되는 흰색과 포인트로 강조할 수 있는 색상 정도만 사용하는 것이 좋습니다. 너무 많은 색상을 사용하면 시선이 한 곳에 집중되지 않으므로 절제하는 것이 좋습니다.

② 깔끔한 선을 삽입하면 제목과 본문을 확실하게 구분할 수 있어요.

깔끔하지만 있어 보이는 느낌의 일상 템플릿 디자인이 완성됐습니다. 이 템플릿이 너무 단조로운 느낌이라면 간단하게 색다른 느낌을 전달할 수도 있습니다.

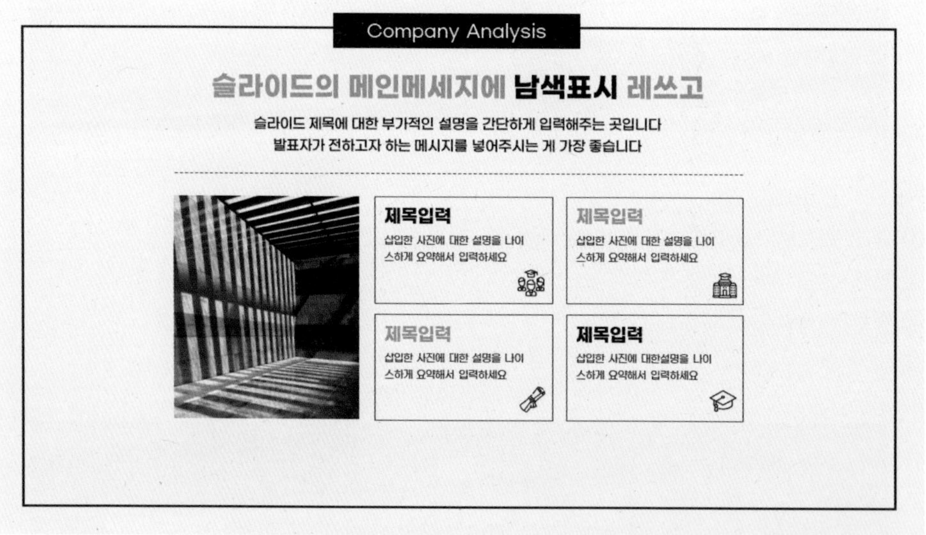

갑자기 너무 달라진 느낌인가요? 실습으로 완성한 템플릿에서 변경한 것은 슬라이드 배경색과 텍스트 색상밖에 없습니다. 또한 본문에 집중할 수 있도록 직사각형 도형을 삽입해 확실하게 구분했고 네모로 구역을 나눠줬습니다.

슬라이드의 빈 곳을 마우스 오른쪽으로 클릭한 다음 [배경 서식]을 선택하면 배경색을 변경할 수 있습니다.

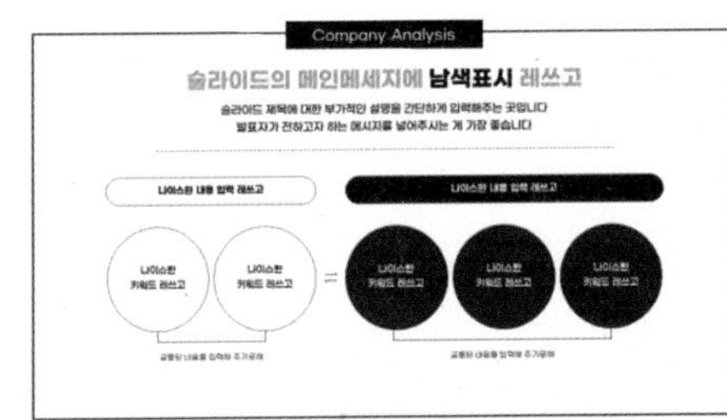

템플릿에 사용한 주요 색상은 변경했지만, 본문의 내용을 가운데 배치한 것은 유지했습니다. 이렇게 중요한 내용을 일관되게 배치하면 깔끔하지만 신뢰도 높은 템플릿을 만들어 언제 어디서나 활용할 수 있습니다.

04 일상 템플릿 레이아웃 구성

우리 형둘, 이렇게 만든 일상 템플릿을 어떻게 활용하면 좋을지 고민인가요? 직장인 템플릿과 같이 다양한 레이아웃을 예시로 확인하며 나이스하게 활용할 수 있는 방법을 알려줄게요. 비슷하게 따라하기만 해도 깔끔한 피피티를 완성할 수 있습니다.

기본 레이아웃

구분	1분기	2분기	3분기
참지액젓	1,425,000원	1,425,000원	1,425,000원
참치통조림	1,425,000원	1,425,000원	1,425,000원
라면한사바리	1,425,000원	1,425,000원	1,425,000원
치즈피자	1,425,000원	1,425,000원	1,425,000원
뚱카롱	1,425,000원	1,425,000원	1,425,000원
합계	3,222,444원	3,222,444원	3,222,444원

분할 없는 레이아웃은 한 가지 주제나 내용을 제시할 때 효과적이죠. 분할 없이 슬라이드 전체를 활용할 수 있는 레이아웃이므로 비중이 큰 표나 다이어그램을 정리할 때 유용합니다. 다이어그램의 경우 화살표 도형 등을 삽입해 흐름까지 전달하면 더욱 효과적이겠죠?

일상 템플릿에는 한 페이지에 한 가지의 내용만 담는 게 중요합니다. 특히, 슬라이드 중앙을 중심으로 첫 시선이 꽂히기 때문에 슬라이드 센터에 왔을 때 임팩트가 있는 다이어그램, 표, 차트를 넣어주세요.

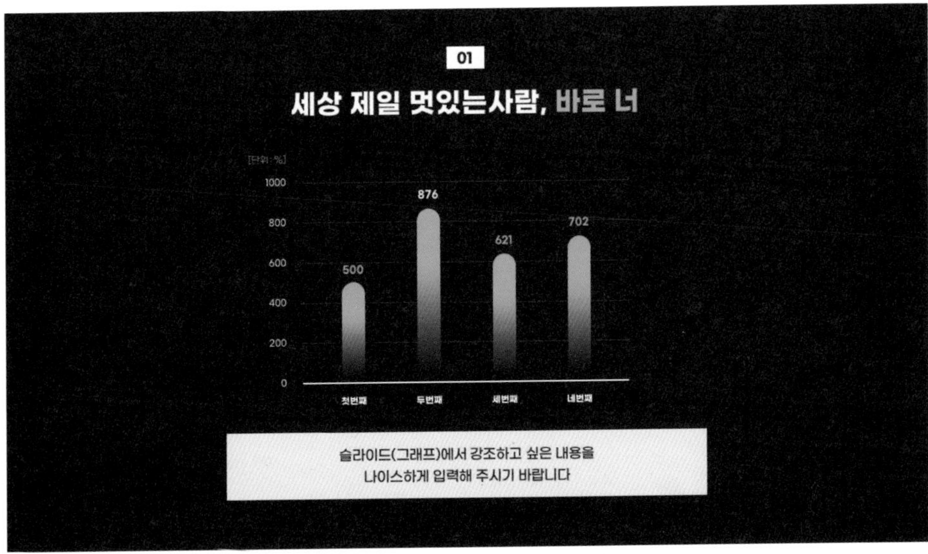

그래프나 다이어그램의 경우 슬라이드 전체 크기에 맞추는 것보다 그림과 같이 여백을 두고 배치하면 자연스럽게 개체에 집중할 수 있습니다.

가로 2분할 레이아웃

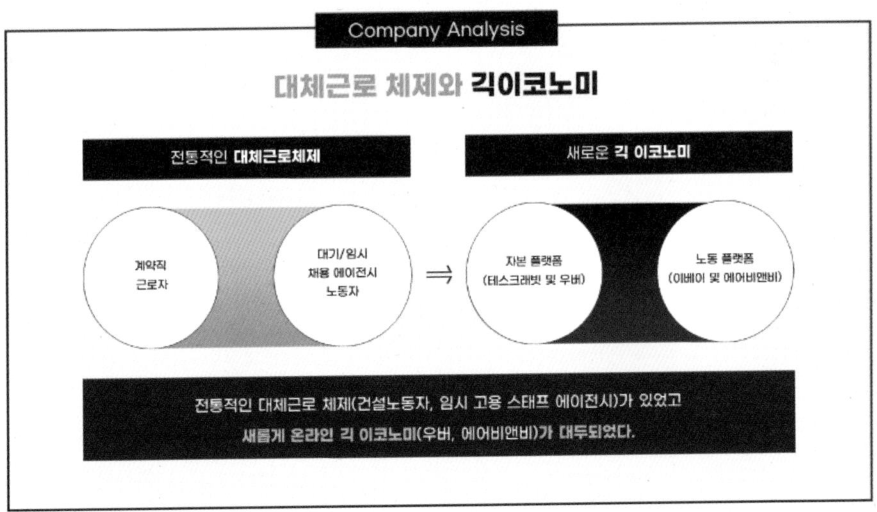

가로 2분할 레이아웃은 서로 비슷하거나 대조를 이루는 도식화 자료를 제시할 때 효과적인 레이아웃입니다. 제시하는 도식화 자료를 그림과 같이 나란히 배치한다면 시선의 흐름을 따라 두 자료를 비교할 수 있으므로 전달하려는 내용을 강조할 수 있습니다.

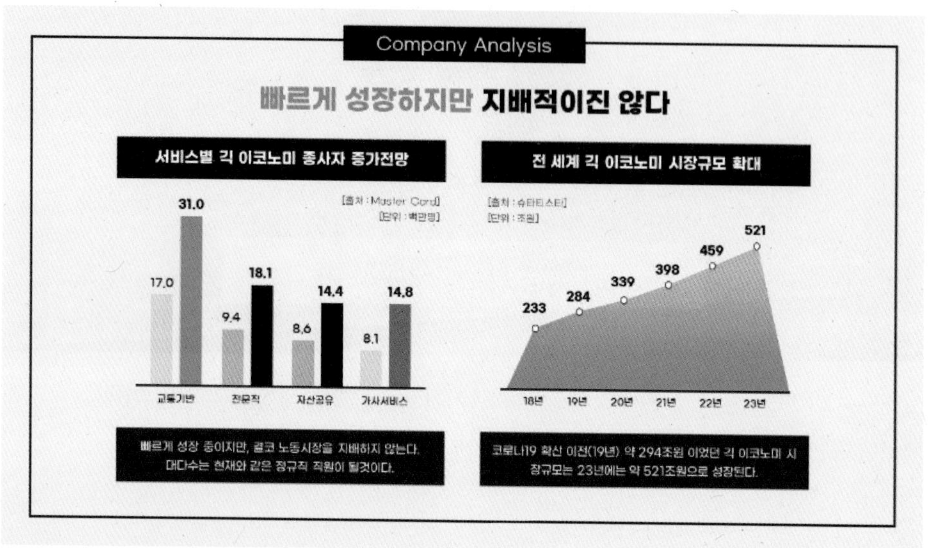

수치를 표현하는 그래프 역시 시선의 흐름을 고려해 나란히 배치해 보세요.

가로 3/4분할 레이아웃

가로 3/4분할 레이아웃 구성은 키워드를 나열할 때 활용하기 좋은 레이아웃입니다. 제시할 키워드와 이미지를 함께 배치하면 깔끔하고 안정된 피피티를 만들 수 있습니다.

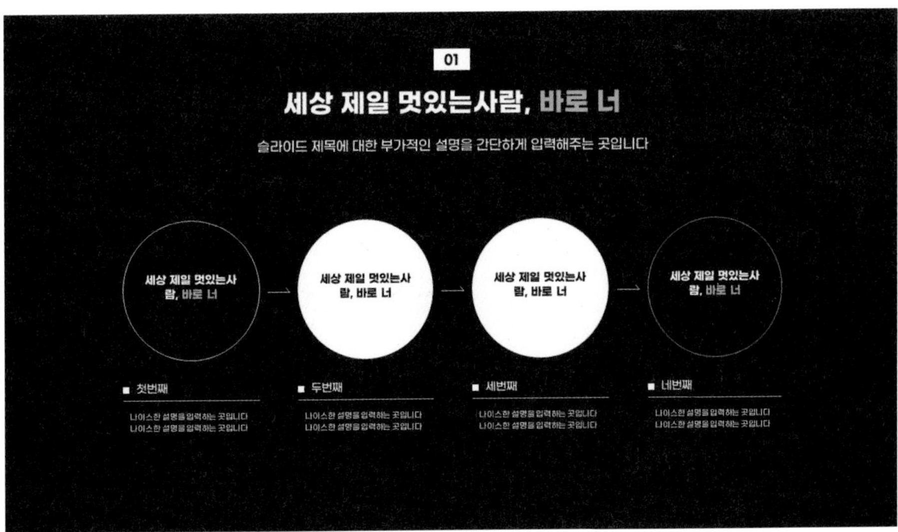

이미지 대신 키워드를 도형 안에 정리하는 것만으로도 깔끔하고 있어 보이는 도식화 자료를 만들 수 있죠.

불규칙한 레이아웃

한 슬라이드에 정리해야 할 내용이나 강조하고 싶은 내용이 많다면 그리드를 나눠 내용을 배치해 보세요. 불규칙한 레이아웃이지만 원하는 내용을 깔끔하게 정리할 수 있을 거예요. 불규칙한 레이아웃의 슬라이드에서도 항상 시선의 흐름을 고려해야 합니다.

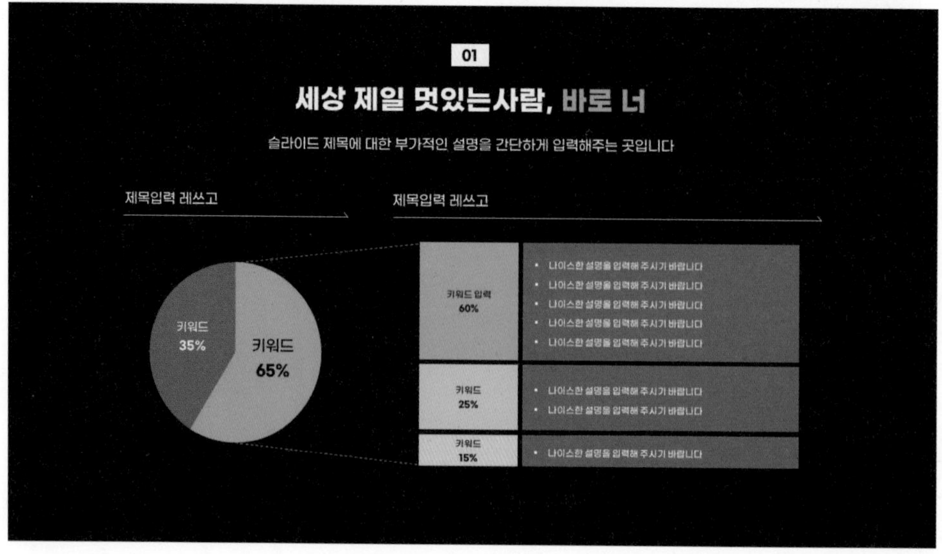

앞 그림은 불규칙한 레이아웃이지만 시선의 흐름을 고려해 왼쪽에 간단한 그래프를 삽입하고 오른쪽에 관련 설명을 배치해 안정감이 느껴집니다. 이 외에도 부가적인 설명이 많은 경우 시선의 흐름을 고려해 오른쪽의 그리드를 넓게 할애하면 불규칙한 레이아웃의 슬라이드를 효과적으로 활용할 수 있습니다.

실습

05 강의용 템플릿 만들기

강의용 템플릿은 다른 목적의 템플릿보다 신뢰감과 정리정돈된 느낌이 전달되도록 구성해야 합니다. 대한민국의 모든 선생님, 교수님, 강사님, 직장의 사내 강의에 어울리는 깔끔한 강의용 템플릿에 대해 알아보겠습니다.

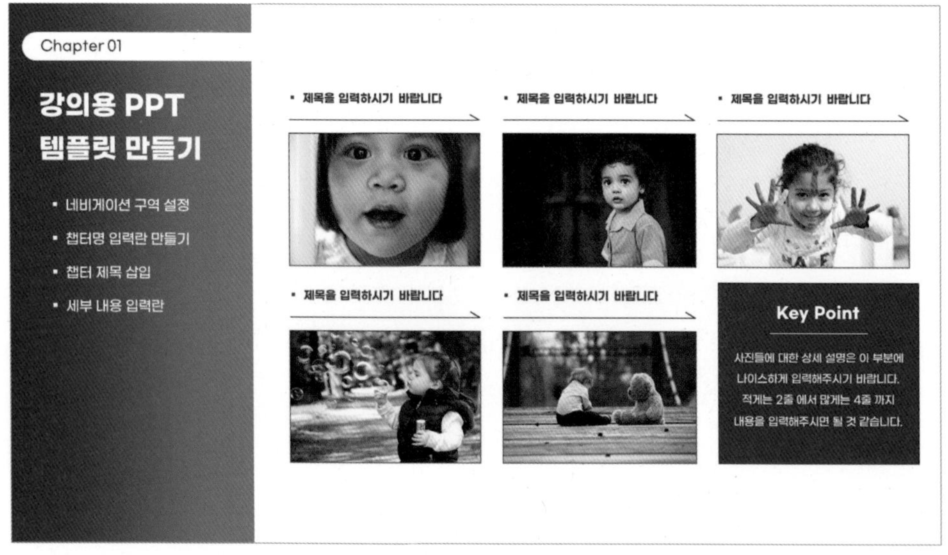

강의용 템플릿 역시 시선의 흐름을 고려해야 합니다. 각 슬라이드 왼쪽에 강의 목차나 네비게이션을 배치해 지금 학습하고 있는 내용이 어떤 주제인지, 강의 개요는 무엇인지 항상 확인할 수 있도록 구성하면 강의를 진행하는 데 효율적이겠죠? 뿐만 아니라 수업을 듣는 학생 역시 전체 흐름을 쉽게 이해할 수 있습니다. 그럼, 이 나이스한 강의용 템플릿을 같이 만들어 볼까요?

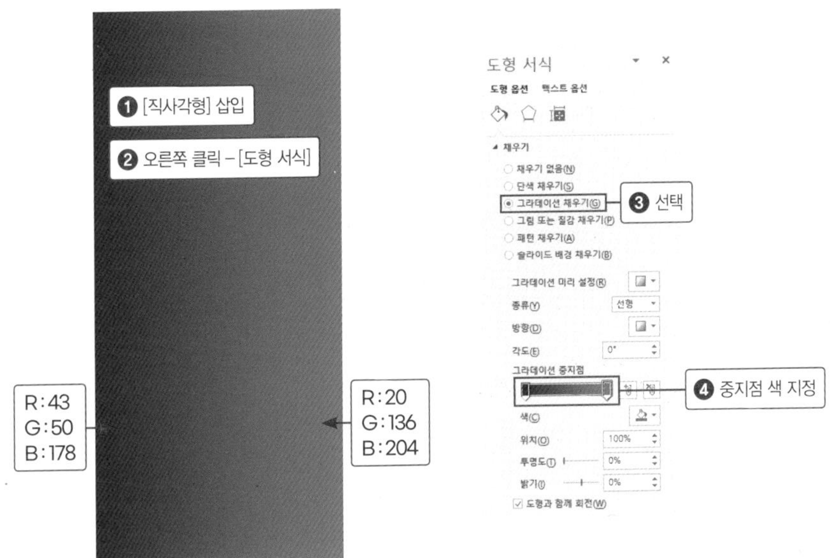

① [직사각형] 도형을 삽입하고 슬라이드 세로 길이에 맞춰 조절한 다음 왼쪽에 배치합니다.

② 삽입한 네모를 마우스 오른쪽으로 클릭한 다음 [도형 서식] – [채우기] – [그라데이션 채우기]를 선택하여 그라데이션을 적용합니다.

그라데이션 색상 막대를 클릭하면 색상 중지점을 추가할 수 있고 좌우로 중지점을 드래그하면 위치도 변경할 수 있어요.

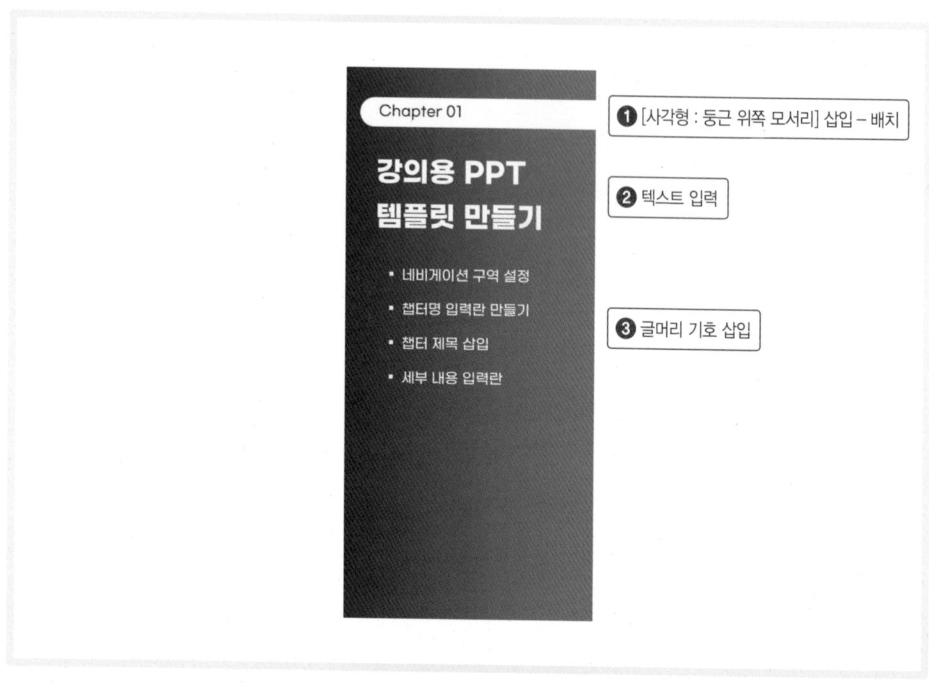

•••

① [삽입] – [도형] – [사각형 : 둥근 위쪽 모서리]를 선택해 도형을 삽입한 다음 크기를 조절하여 그림과 같이 배치합니다.

② [삽입] – [텍스트 상자]를 선택해 텍스트 상자를 삽입하고 강의 주제와 목차 등을 입력하세요.

③ 텍스트의 크기나 굵기, 글머리 기호를 활용하면 전반적인 강의의 흐름을 효율적으로 전달할 수 있습니다. 글머리 기호를 삽입하려면 텍스트를 블록 지정한 다음 [홈] – [단락] – [글머리 기호]를 클릭하면 됩니다.

피피티 공략집 | 강의용 피피티 활용법

강의용 피피티에서 네비게이션 역할을 하는 영역의 텍스트와 그라데이션 색상을 다양하게 변경하면 여러 테마의 강의 자료로 활용할 수 있어요!

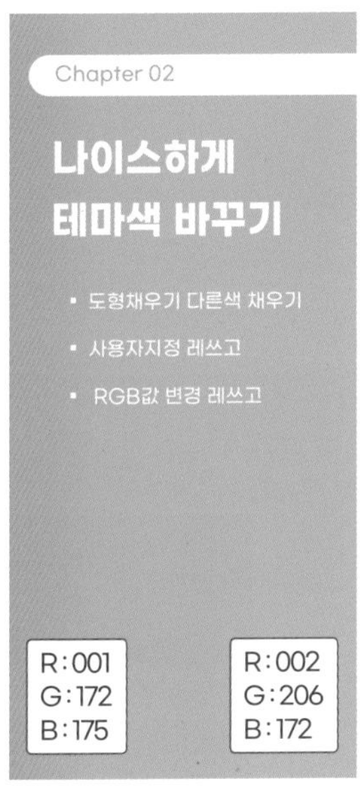

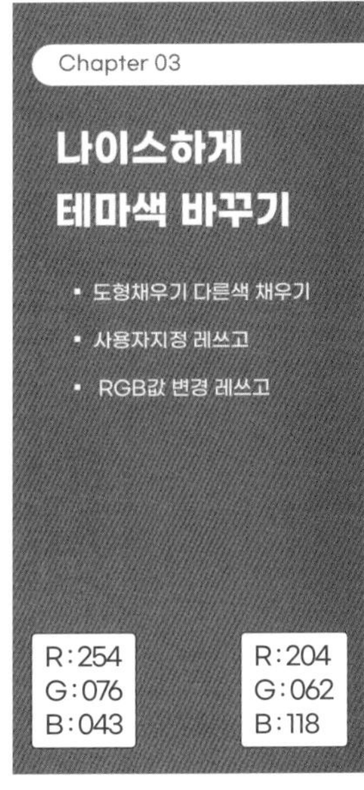

이론

06 강의용 템플릿 레이아웃 구성

강의용 템플릿의 슬라이드에는 많은 정보를 담지 않는 것이 좋습니다. 슬라이드에 많은 내용이 담겨 있다면 강의 내용보다는 슬라이드에만 집중할 수 있으니까요. 한 개의 슬라이드에 한 개의 메시지를 담는 게 최고! 그럼 어떻게 슬라이드를 구성하는 것이 좋은지 차근차근 알아볼게요!

기본 레이아웃

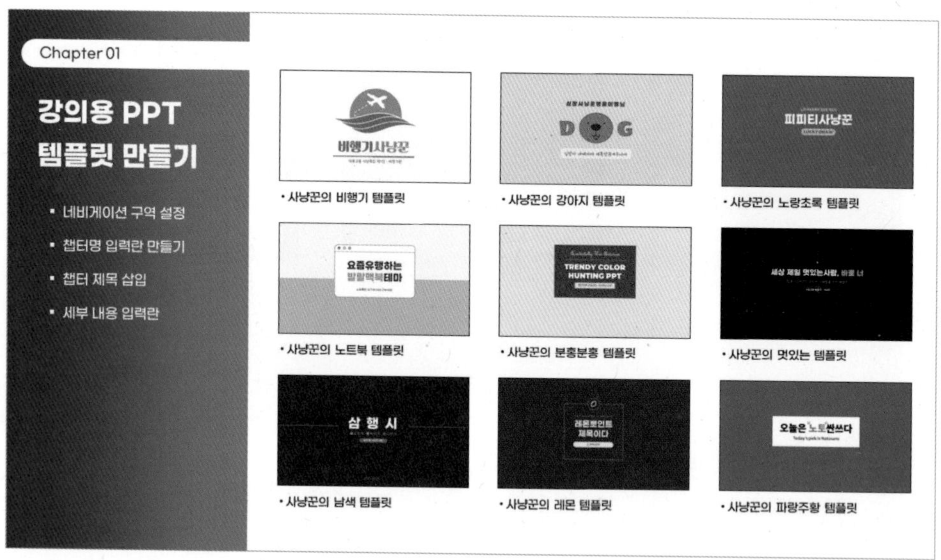

우선 가장 기본적이면서 강의에 효과적인 분할 없는 레이아웃입니다. 네비게이션 영역은 고정된 영역이므로 오른쪽 영역을 최대한 활용하는 것이 좋습니다. 그림과 같이 제시할 이미지가 많다면 각 이미지의 간격과 배치에 신경써야 합니다. 그렇지 않다면 조잡해 보일 테니까요.

개체를 보기 좋게 정렬하는 방법은 25쪽을 참고하세요.

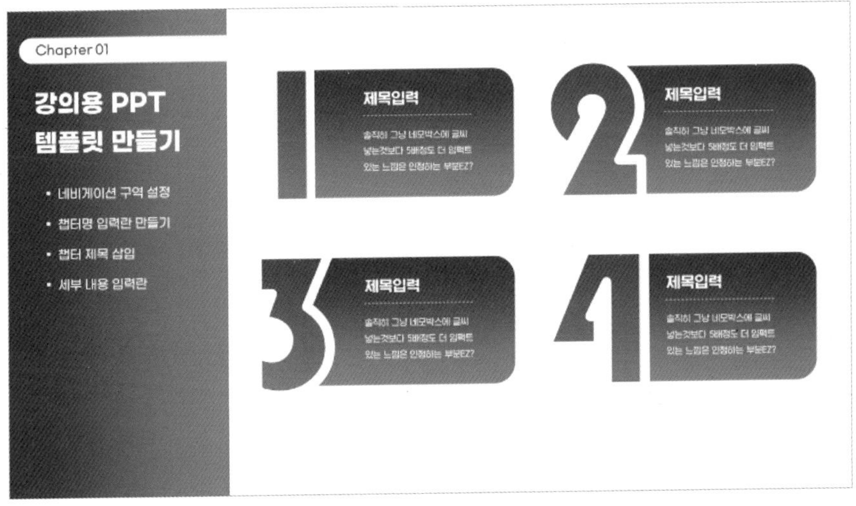

두 개 이상의 키워드를 제시해야 한다면 도형이나 다이어그램을 활용해 보세요.

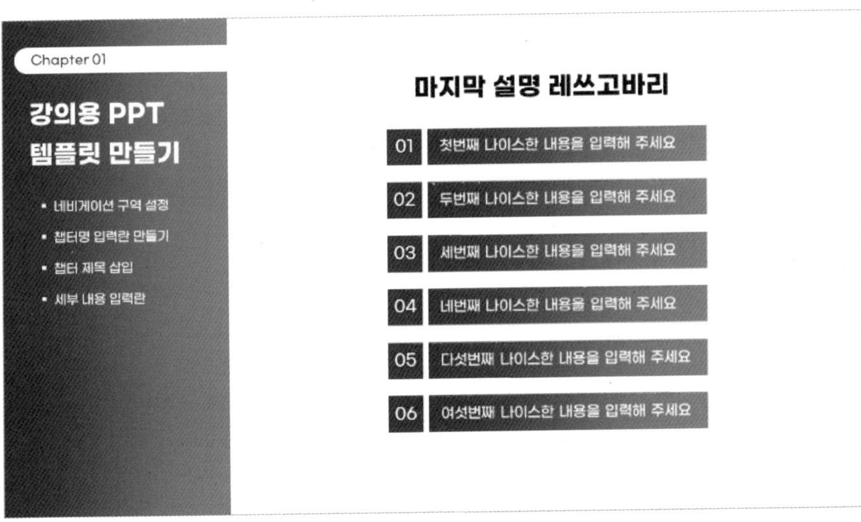

비슷한 예시로 키워드를 같은 형태의 도형 안에 정리하면 시선의 흐름을 따라 전달하고자 하는 내용을 일목요연하게 정리할 수 있습니다. 깔끔해 보이는 건 덤이에요.

예시의 다이어그램을 만드는 방법은 다음의 QR를 통해 확인할 수 있습니다.

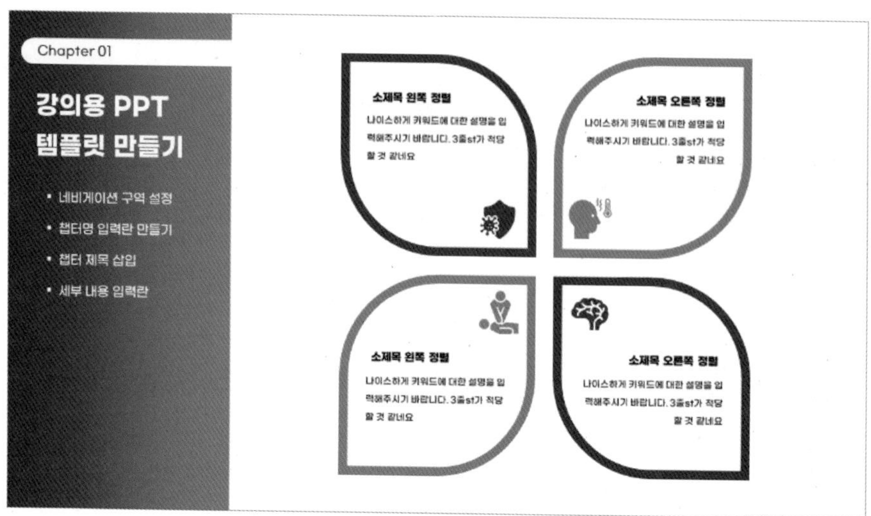

강의용 템플릿이라고 정직한 다이어그램을 사용할 필요는 없습니다. 예시의 꽃잎 다이어그램과 같이 일관성 있는 도형과 키워드를 아이콘과 함께 배치하면 통일감 있게 정보를 전달할 수 있습니다.

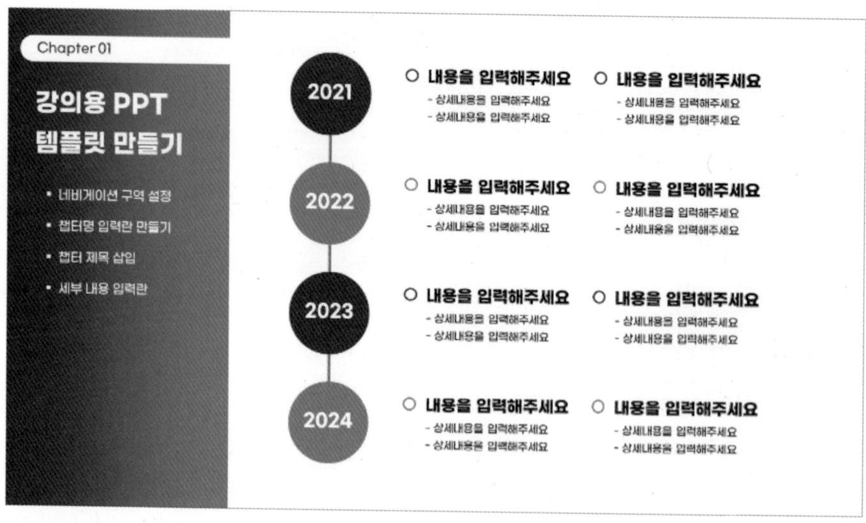

강의용 템플릿에 자주 사용하는 연혁이나 연표도 다이어그램을 활용해 보세요. 다른 다이어그램과 같이 일관성 있는 동그라미를 사용했고, 정보의 흐름을 전달할 수 있도록 텍스트의 굵기와 크기도 조절했습니다.

세로 2분할 레이아웃

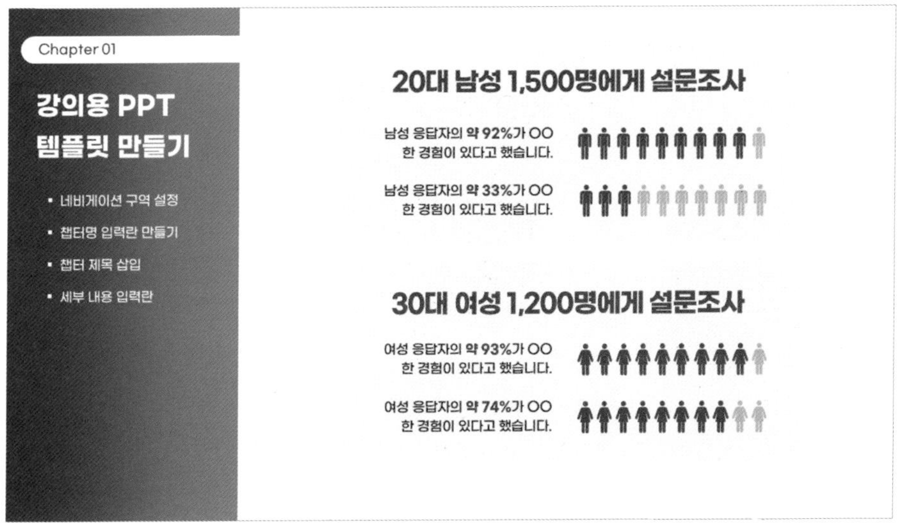

그림은 세로 2분할 레이아웃으로 내용의 경중에 따라 그리드의 크기를 조절한 예시입니다. 슬라이드에 한 개 이상의 주제를 전달하고 싶다면 세로 2분할 레이아웃을 활용해 보세요.

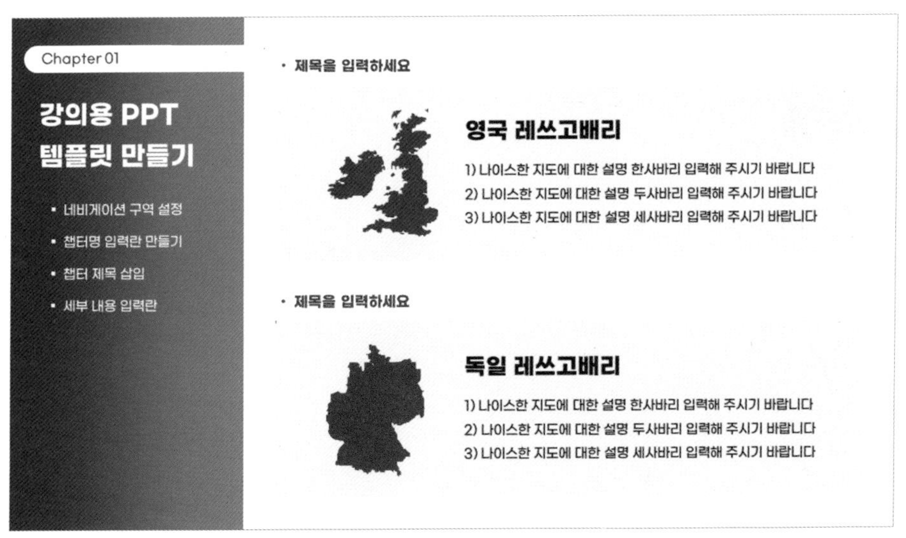

그리드의 크기가 같은 세로 2분할 레이아웃을 사용해도 좋고, 내용의 경중에 따라 그리드의 크기를 다양하게 조절하기만 하면 활용하기 더욱 쉽겠죠?

세로 3분할 레이아웃

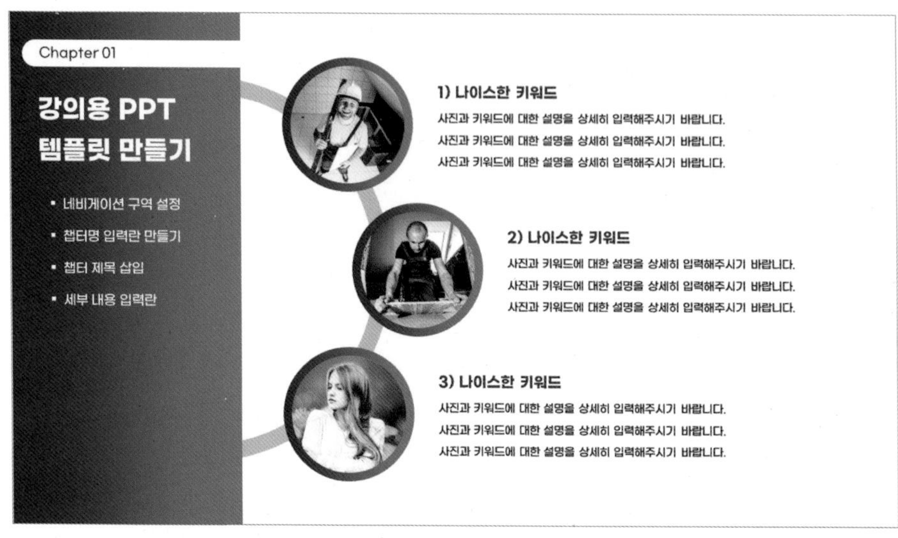

세로 3분할 레이아웃입니다. 여러 개의 키워드와 설명을 제시하기 좋은 레이아웃으로 강의형 템플릿에서 자주 사용하는 레이아웃이죠. 간단하게 이미지와 텍스트로만 구성되어 있지만 같은 크기의 그리드에 다른 내용을 나열해야 한다면 이렇게 깔끔한 세로 3분할 레이아웃을 추천합니다.

실습

07 공모전용 템플릿 만들기

공모전에서 상 받고 싶은 형들을 위해 나이스한 공모전용 템플릿을 준비했습니다. 디자인에서 지적받을 일은 절대 없을 것이라 자부합니다. 그럼, 나이스하게 함께 만들어 볼까요?

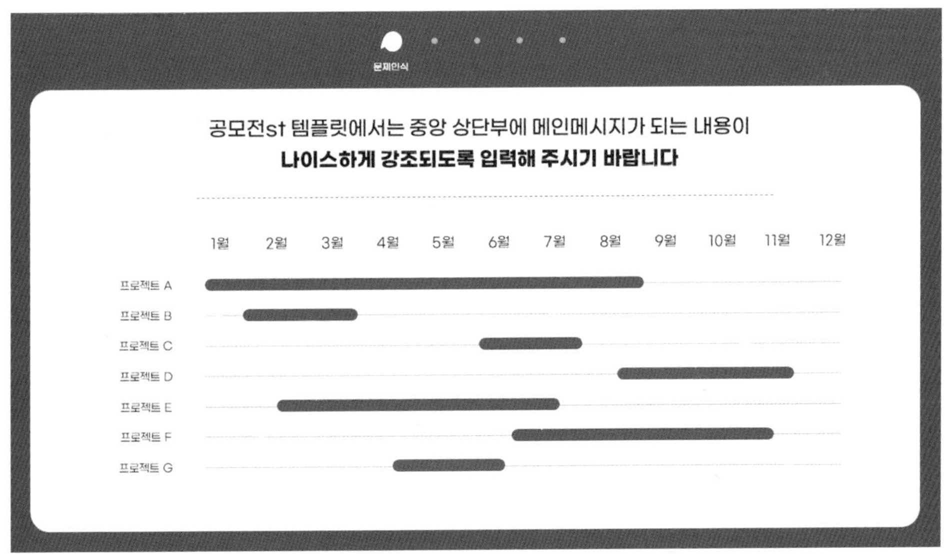

딱 보면 알겠죠? 이 템플릿은 국내 유니콘 기업 중 하나인 '토스'를 생각하며 만든 공모전 템플릿입니다. 어떤 공모전이라도 응모하는 기업의 색상을 활용해 템플릿을 제작한다면 일단 절반은 성공한 것입니다.

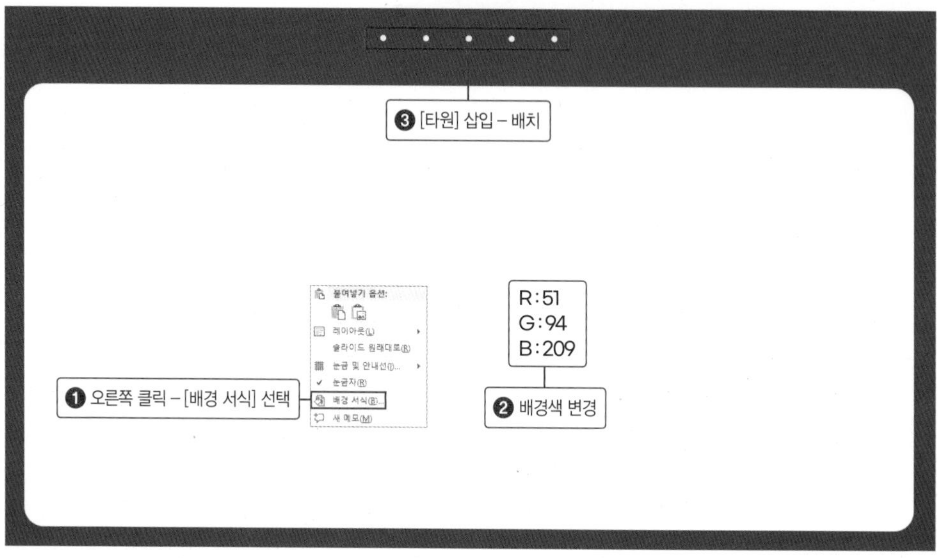

① 슬라이드의 빈 곳을 마우스 오른쪽 버튼으로 클릭한 다음 [배경 서식]을 선택합니다.

② 배경색을 토스의 상징 색인 파란색(R : 51, G : 94, B : 209)으로 변경합니다.

③ [타원] 도형 여러 개를 삽입합니다. 삽입한 동그라미는 슬라이드 위에 나란히 정렬해 주세요.

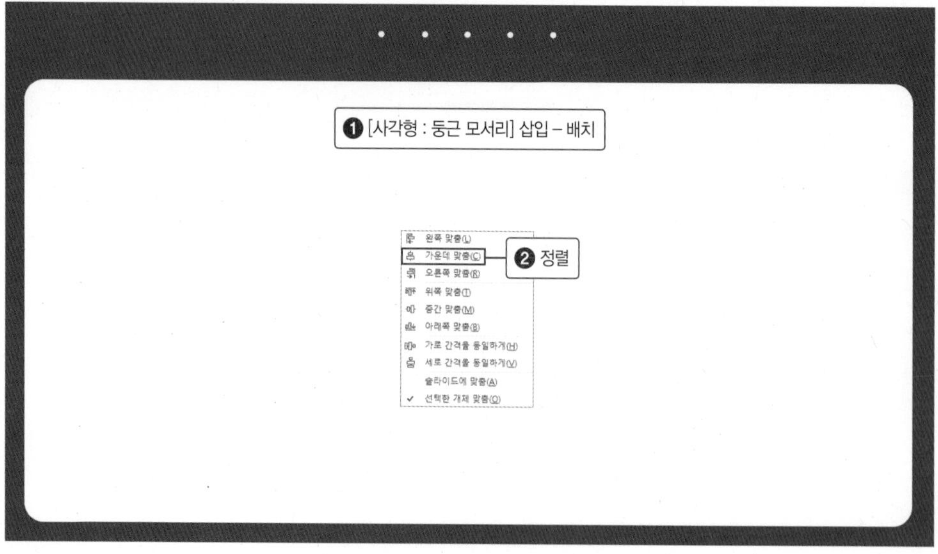

① [삽입] – [도형] – [사각형 : 둥근 모서리]를 슬라이드 크기에 맞춰 삽입합니다.
② 삽입한 도형이 선택된 상태에서 [정렬] – [맞춤] – [가운데 맞춤]을 클릭하여 슬라이드 가운데에 배치합니다.

슬라이드 위에 배치한 도형을 깔끔하게 정렬하는 방법은 25쪽을 참고하세요.

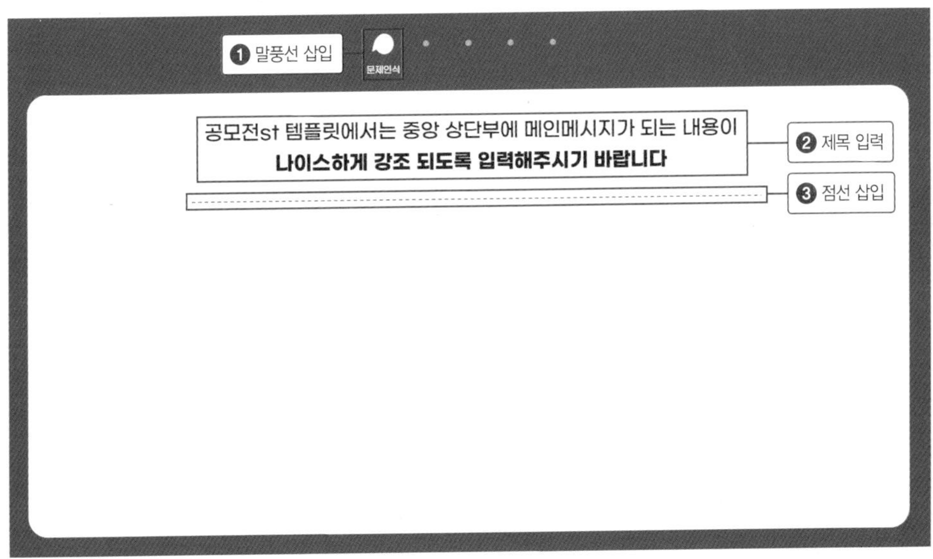

① [삽입] – [도형] – [설명선] – [말풍선 : 타원형]을 삽입해 이전에 삽입한 동그라미 앞에 배치하고 텍스트는 말풍선 아래 입력해 주세요.
② 슬라이드 가운데에 주요 메시지를 입력합니다.
③ 주요 메시지와 본문 내용을 구분하는 포인트 색의 점선(1pt)을 삽입합니다.

공모전에서는 슬라이드의 주요 메시지만 확인해도 전반적인 내용의 흐름을 파악할 수 있도록 정리한 다음 디자인이라는 양념을 추가하는 것이 좋습니다.

내용만 잘 정리하면 공모전 입상각! 깔끔한 디자인의 공모전 전용 템플릿 디자인이 깔끔하게 완성됐습니다. 우리 형들도 나이스한 기업을 선정해 직접 연습해 보세요.

08 공모전용 템플릿 레이아웃 구성

공모전 템플릿을 어떤 식으로 사용해야 전달하고자 하는 내용을 간결하고 명확하게 표현할 수 있을지 혼자 고민하는 건 너무너무 어렵죠? 사냥꾼이 깔끔하게 레이아웃 치트키 알려줄 테니 구경만 하지 말고 직접 따라해 보세요.

기본 레이아웃

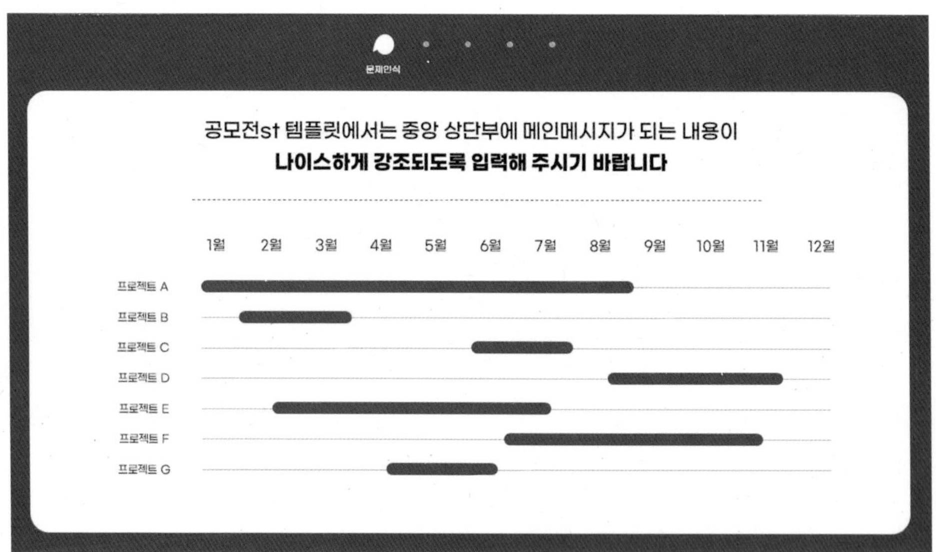

가장 간결하고 메시지를 전달하기 좋은 분할 없는 레이아웃에는 어떤 내용을 넣는 게 좋을까요? 공모전의 기획 아이디어를 발표할 경우 대부분 마지막 슬라이드에 현실성을 고려한 스케줄을 정리하는 게 국룰이죠. 스케줄은 전체적인 일정을 한눈에 보기 좋게 제시하는 것이 중요하기 때문에 그림과 같이 스케줄만 보여주는 것이 베스트입니다.

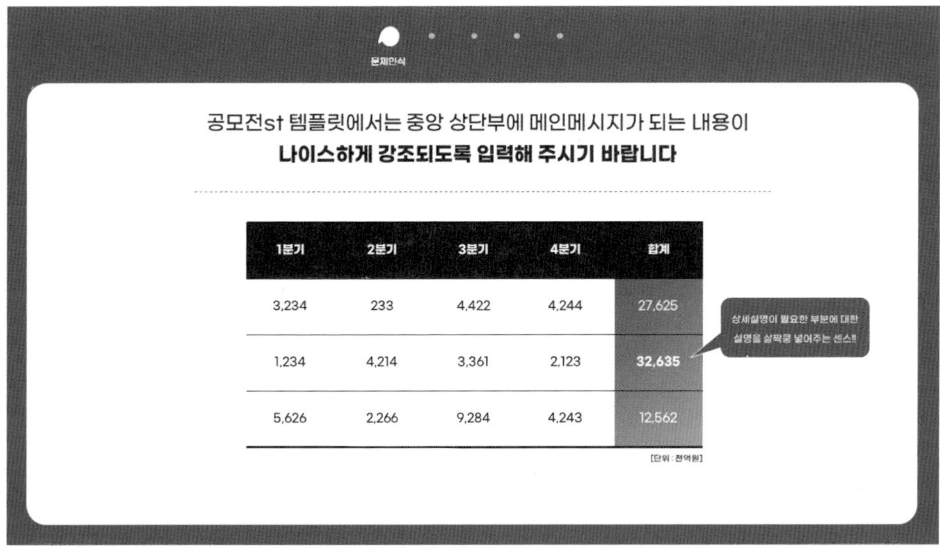

1분기	2분기	3분기	4분기	합계
3,234	233	4,422	4,244	27,625
1,234	4,214	3,361	2,123	32,635
5,626	2,266	9,284	4,243	12,562

표 역시 분할 없는 레이아웃에 넣기 좋은 자료입니다. 부연 설명이 필요 없도록 표의 내용을 잘 구성한다면 깔끔한 표현이 가능합니다.

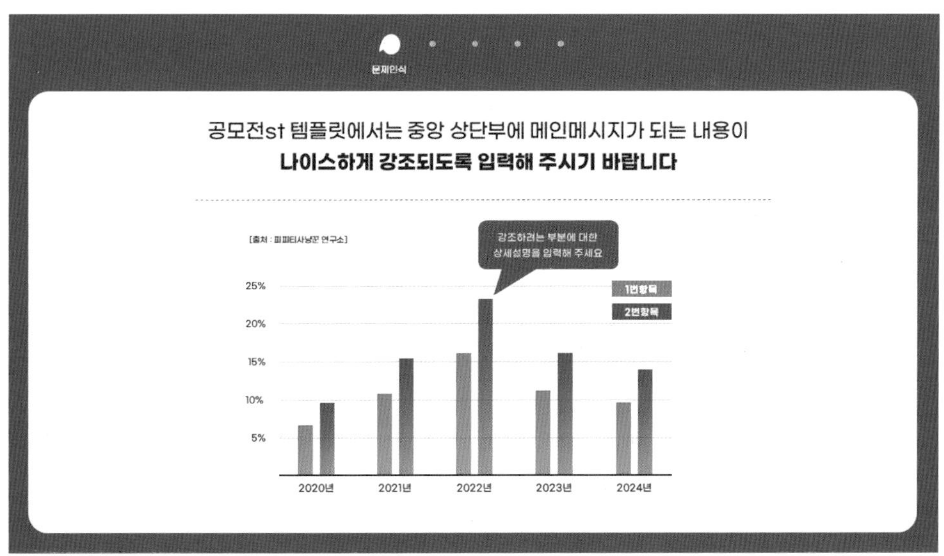

공모전에서는 형들이 제시한 아이디어의 설득력을 높이기 위해 차트를 제시합니다. 차트에서 전달하려는 메시지는 차트 위에 배치하고 아래 쪽에는 나이스한 차트를 삽입해 보세요.

가로 2분할 레이아웃에는 이미지와 함께 설명을 정리하는 것이 좋습니다. 시선의 흐름을 따라 피피티를 보는 큰형님도 자료를 이해하기 쉬울 거예요.

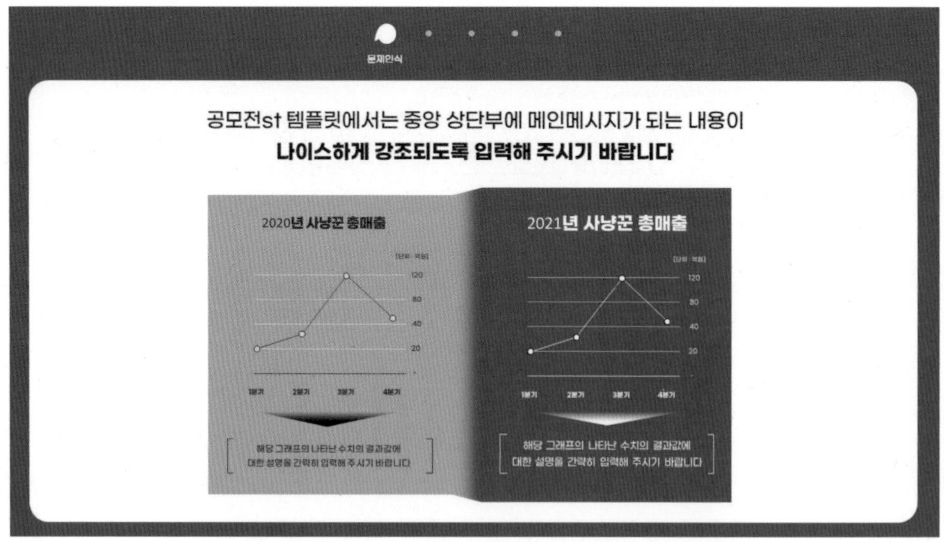

공모전에 가장 많이 사용하는 비교 자료도 가로 2분할 레이아웃을 활용해 보세요. 시선의 흐름을 고려해 위쪽이나 왼쪽에 강조하고 싶은 내용을 배치해야 한다고 했지만, 비교 자료의 경우 시간의 흐름에 맞춰 배치하는 것이 좋습니다.

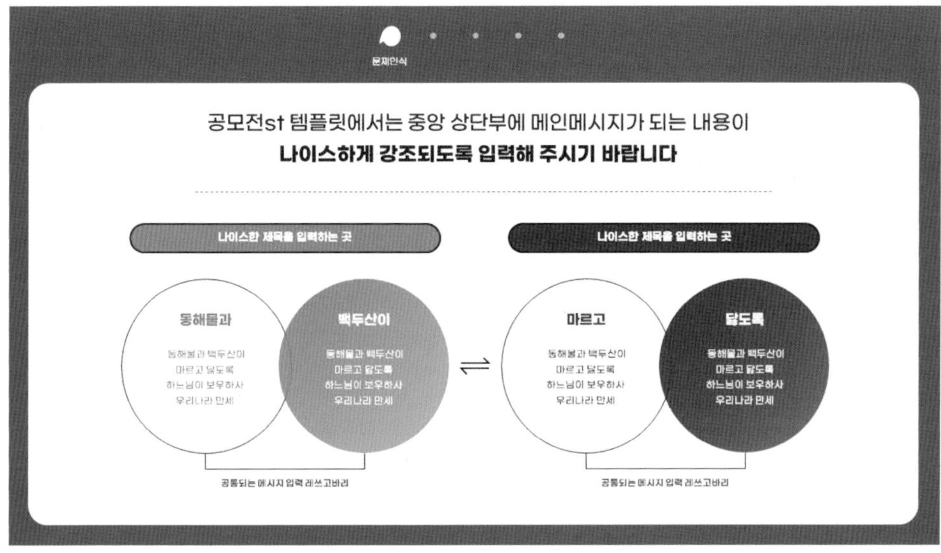

부연 설명이 없이도 배치의 순서만 바꾸면 원하는 내용을 강조할 수 있습니다. 같은 구성의 다이어그램도 시간의 흐름에 맞춰 배치했습니다. 비교 자료의 색상을 다르게 표현하면 슬라이드에 입체감이 느껴집니다.

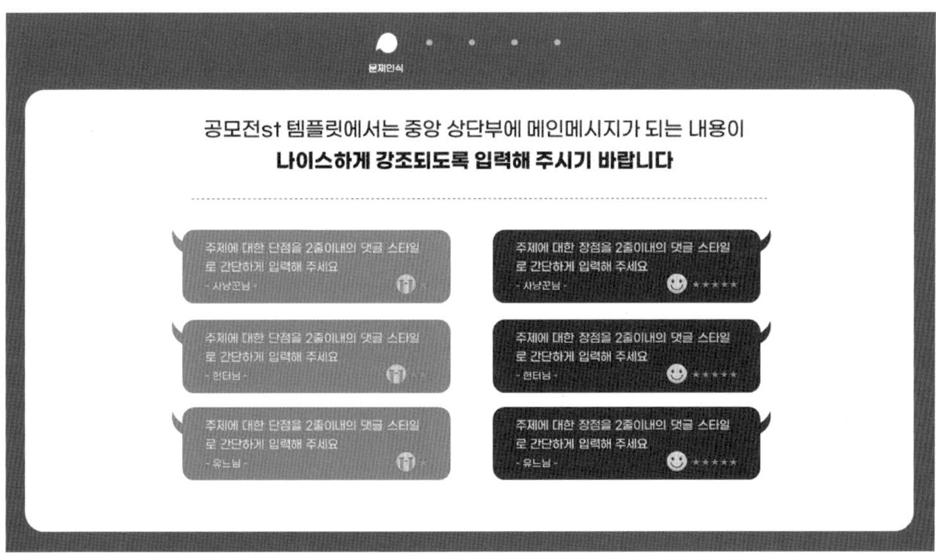

설문 결과도 찬반으로 구분해 배치했습니다. 말풍선으로 설문의 구체적인 의견을 정리하면 텍스트로만 나열했을 때보다 집중도를 높일 수 있습니다.

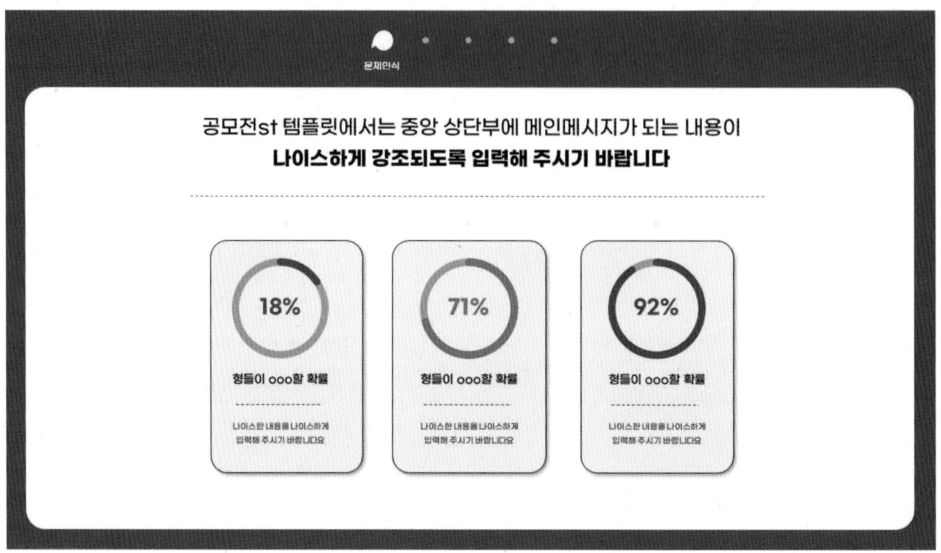

가로 3분할 레이아웃은 여러가지 키워드(개체)를 나열할 때 효과적인 레이아웃입니다. 한 슬라이드에 이렇게 반복되는 개체를 나란히 배치하면 깔끔한 슬라이드를 구성할 수 있습니다.